0・1・2歳児の ダンス・体操 あそび歌 40

すぐ使える CD付き!

普段あそびから、運動会、発表会などのイベント、親子あそび、子育て支援まで……
子どもたちが無理なく体を動かして楽しめる、ダンスや体操のあそび歌が盛りだくさん!
40曲の音源をすべて収録したCD付きなので、保育のいろいろなシーンですぐに使えます。

※子どもによっては、触られることが苦手だったり、触られるのを
嫌がる部位があったりすることがあります。また、慣れていない
大人とふれあうことが苦手なこともあります。よく子どもの様子
を見ながら、子ども一人一人に合ったあそび方で楽しみましょう。

CONTENTS

★この本に掲載したあそび歌は、2014～2019年に保育情報誌『あそびと環境0.1.2歳』『ピコロ』に
掲載・収録されたものに、一部改訂を加えて構成したものです。

年齢・シーン検索早見表

ページ／タイトル	0歳児向け	1歳児向け	2歳児向け	普段のあそびに	体操の時間に	運動会に	発表会に	子育て支援に	親子あそびに
P.8 だっこ DE ゆらり	●			●		●		●	●
P.9 だっこあら	●			●		●		●	●
P.10 ちっちゃなたね	●			●		●		●	●
P.12 ヒーロー・スタイマン	●	●		●	●	●	●		
P.14 トロルとやぎさん	●	●		●			●	●	●
P.16 おてんきマーチ	●	●	●	●		●		●	
P.18 だれだれだれでしょう?	●	●	●	●	●		●	●	
P.20 いない いない ばあ音頭	●	●	●	●	●		●	●	
P.22 ジャンプ&ジャンプ	●	●	●	●	●	●		●	●
P.24 だれだろな	●	●	●	●				●	●
P.26 スパゲッティーパーティナイト	●	●	●	●	●	●		●	
P.28 はなはな☆ビックス	●	●	●	●	●	●		●	
P.30 チューチューだいぼうけん	●	●	●	●	●	●	●	●	●
P.32 エイエイお〜!!	●	●	●	●		●		●	●
P.34 すごいくつ		●	●	●		●		●	●
P.36 ちびっこ忍者でごじゃるるるん		●	●	●	●	●	●		
P.38 ぶどうのグレープちゃん		●	●	●				●	
P.40 おたまじゃくしがスイスイスイ		●	●	●	●	●	●		
P.42 にゃんこ体操		●	●	●	●	●	●		
P.43 りんりん・GO!!		●	●	●	●	●	●		

本書の特長と見方

対象年齢の目安
あそびに適した
年齢の目安を表示

**CD
トラックナンバー**
オーディオCDに
収録されている、
あそび歌の番号

オーディオCD付き

すぐ活用できるあそび歌を、
たっぷり40曲収録。
CDは巻末に付いています。

あそび歌の楽譜
自分でピアノを繰り返し
弾いたり、速度を変えて
弾いたりして、歌やあ
そび方を覚える
のに便利

★ **0～2歳児**

CD No.09

案●ハリー☆とたまちゃん♪

ジャンプ＆ジャンプ

たくさんジャンプをすることが楽しいあそび歌。
手足を曲げたり、伸ばしたり、体をたくさん動かしてあそびましょう。
0歳児は大人の足の上でジャンプ・ジャンプ！

- 普段のあそびに
- 体操の時間に
- 運動会に
- 子育て支援に
- 親子あそびに

0歳児 子どもを足の上に乗せて向かい合ってあそびます。

♪げんきな おてて～
げんきな からだ

① 歌詞に合わせて子どもの
手・足・体全体を動かす。

♪みんなみんな
めをさませ

② 大人が拍手し、で
きる子はまねする。

♪ジャンプ ジャンプ～ジャンプ ジャンプ

③ 膝を上下させる、「たかい たかい」、子どもがリズムを感じながら
自由に伸びをする、などしてあそぶ。

「♪ジャンプ～」のと
ころは、いろいろな
動きを入れてあそん
でみましょう。

♪おやすみ

④ 子どもを寝かせるように
抱き締める。
※③④を繰り返す。

★ ★ ★ ★ ★ ★ ★ ★ ★ ★ **ジャンプ＆ジャンプ** ★ ★ ★ ★ ★ ★ ★ ★ ★ ★

作詞／金子和弘 作曲／玉井智史

22

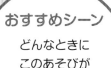

おすすめシーン

どんなときに
このあそびが
おすすめなのかを
表示しています

普段のあそびに

当てはまるシーン

発表会に

当てはまらないシーン

**育ちに合った
あそび方**

0歳児向け、
1～2歳児向けなどに分けて、
育ちに合った
あそび方を紹介

あそび方

カラーイラストで、
あそびのプロセスを
わかりやすく紹介

〔 1～2歳児 〕 手・足・全身を意識して、元気いっぱいジャンプ！　「ジャンプしているつもり」でもOK。

♪げんきな

1
両腕で力こぶを作り、
上げ下げする。

♪おてて

2
両手を上に伸ばし、
左右に振る。

♪げんきな
おてて
3
①②を繰り返す。

♪げんきな

4
①と同様。

♪あし

5
手は①のまま、足を広げて、
膝を曲げ伸ばしする。

♪げんきな
あし

6
④⑤を繰り返す。

♪げんきな

7
①と同様。

♪からだ

8
両腕を胸の前で交差させ、
上半身を左右に揺らす。

♪げんきな
からだ

9
⑦⑧を繰り返す。

♪みんなみんな

10
両手を下から上に大きく回し、腰に当てる。
手拍子するだけでも OK。

♪めをさませ

11
リズムを取ってから「♪せ」で両手を上げ、
上半身をぐるりと回す。

♪ジャンプ～ジャンプ

12
歌詞に合わせてジャンプする。

その場で、移動しなが
ら、手を高く・低くなど、
いろいろなジャンプを
楽しみます。

♪おやすみ

13
しゃがんで眠るポーズ。
※⑫⑬を繰り返す。

だっこ DE ゆらり

だっこをしながら見つめ合ったり、ハグしたり……。
トントンしながらゆったりと大人とのふれあいができるダンスです。

普段のあそびに
体操の時間に
運動会に
発表会に
子育て支援に
親子あそびに

案●ジャイアンとぱぱ

1番 ♪みつめてにこにこ

1 子どもをだっこして、目を見ながら左右に揺れる。

♪ハグしてギュッギュッギュー

2 ギューッと抱き締めながら、左右に揺れる。

♪にこにこぽかぽか

3 子どもの目を見ながらその場で回る。

♪うれしいね

4 ①と同様。

2番 ♪ゆらゆらゆらり

1 だっこしたまま揺らしながら歩く。

♪かぜにのって

2 斜めに「たかいたかい」をする。

♪ゆらゆらゆらり

3 子どもを左右に揺らしながら、その場で回る。

♪きもちいいね

4 1番の①と同様。

3番 ♪トントンステップ トントンふんで

1 2 左足を右前へ、右足を左前へ、左足を元の位置へ、右足も戻してそろえる（ボックスステップ）。これをもう1回繰り返す。

♪トントン おどろう

3 子どもの背中をトントンしながら、その場で回る。

4 ♪たのしいね
1番の①と同様。

4番 ♪みつめてにこにこ ハグして ギュッギュッギュー

1 2 1番の①②と同様。

3 ♪ゆらゆらゆらり
2番の①と同様。

4 ♪トントントトントン
3番の①②を1回行う。

♪みんなで

5 屈伸する。

♪イエイ

6 「たかいたかい」をする。

★ ★ ★ ★ ★ ★ ★ ★ ★ ★ ★ ★ ★ ★ ★ **だっこ DE ゆらり** ★ ★ ★ ★ ★ ★ ★ ★ ★ ★ ★ ★ ★

作詞・作曲／ジャイアンとぱぱ

1.みつめてー にこにこー ハグしてーギュッギュッギュー にこにこー ぽかぽかー うれしいー ね
2.ゆらゆらー ゆーらりー かぜにー の っ て ー ゆらゆらー ゆーらりー き もちいい ね
3.トントン ステップー トントンふ ん で ー トントン おどろうー た のしいー ね
4.みつめてー にこにこー ハグしてーギュッギュッギュー ゆらゆらー ゆーらりートントントトントン

D.C.

みんなでーイエイ

だっこあら

まだ歩けない子どもはもちろん、歩きはじめた子も、
思いきりだっこしてもらって楽しみましょう。
運動会でも、その場でパッと練習なしで楽しめる、ふれあいあそび歌です。

普段のあそびに
体操の時間に
運動会に
発表会に
子育て支援に
親子あそびに

前奏・間奏

子どもをだっこし、リズムに合わせて片足を横に出し、もう片方の足を添えるようにして左右に動きながら、子どもをゆったり左右に揺らす。

1番

♪うちの かわいい こあら

① 子どもをだっこして、前奏・間奏と同様の動きで、左右に揺れる。

♪ちゃん

② 頬と頬を合わせる。

♪かわいい かわいい こあらちゃん

③ ①②を繰り返す。

♪くるっと まわって

④ 子どもをだっこしたまま、その場で一回転する。

♪たかい たかい

⑤ 子どもの両脇を抱え上げて、「たかい たかい」をする。

♪だっこが だいすき だっ

⑥ ①と同様。

♪こあら

⑦ 子どもをぎゅっと抱き締める。

2番

♪だっこが〜 だっこあら

①〜⑦ 1番の①〜⑦と同様。

♪だっこ だっこ だっこ

⑧ 一歩ずつ前進する。

♪こあら ちゃん

⑨ 子どもと顔を見合わせる。

だっこあら

作詞・作曲／カワクボメガネ

1. うちの かわいい こあらちゃん　かわいい かわいい こあらちゃん　くるーっと まわって
2. だっこが だいちゅき こあらで ちゅ　かわいい かわいい こあらで ちゅ

たかい たかい　だっこが だいすき だっ こあら　ら だっこー だっこー だっこー こあらちゃん

※楽譜は、読みやすくするために音源とは調を変えています。

0歳児

CD№.03

案●南 夢未

ちっちゃなたね

小さな種の生長を表現したダンスです。
5番ではゆっくり揺れてクールダウン。
ゆったりとした時間も楽しんでください。

普段のあそびに
体操の時間に
運動会に
発表会に
子育て支援に
親子あそびに

1番

♪ちっちゃなたね はじけたね

1

子どもをだっこして左右に揺れ、「♪はじけたね」で子どもを「たかい たかい」する。

♪ころころころころ ころがった

2

ちょこちょこ走りで、その場で一回りする。

♪まてまてまてまて みつけた

3

子どもと視線を合わせるように、顔の前に抱き上げる。

♪ぎゅっと だっこ

4

子どもをぎゅっと抱き締める。

2番

♪ちっちゃなたね とんだね

1

子どもをだっこして、軽くジャンプする。

♪クルクルクルクル まわったね

2

両脇を持って、ゆっくり回す。

♪いっしょにくるりと まわった

3

ぎゅっとだっこして、その場で回る。

♪ふわりと とんだ

4

「たかい たかい」をする。

3番

♪ちっちゃなたね くっついたね

① だっこした子どもの頬に、手をくっつける。

♪ベタベタベタベタ くっついた

② おしりや背中を、ぽんぽん軽くたたく。

♪いっしょにトコトコ おさんぽだ

③ 両脇を持って、子どもの足を大人の足に乗せて歩く。

♪こちょこちょ とれた

④ 子どもをくすぐる。

4番

♪ちっちゃなたね ～おっこちたね

① 子どもを同じ向きになるように抱き、上げて下ろすを2回繰り返す。子どもが嫌がる場合は普通のだっこで行う。

♪やさしい～ おやすみなさい

② 抱きかかえたまま、ゆっくり揺らす。

5番

♪ちっちゃなたね ～ゆめみて

① 内向きにだっこし直し、優しく揺らす。

♪ちっちゃなめが でたね（パッ！）

② 子どもを抱き上げて、「たかいたかい」をする。

☆☆☆☆☆☆☆☆☆☆☆☆☆☆☆☆ **ちっちゃなたね** ☆☆☆☆☆☆☆☆☆☆☆☆☆☆☆☆

作詞／南 夢未 作曲／さあか

11

ヒーロー・スタイマン

ヒーローのつもりで体を動かします。
子どもたちの発達に合わせ、できる範囲の動きで楽しみましょう。
0歳児は座ったまま行ってもOK！

普段のあそびに
体操の時間に
運動会に
発表会に

1番

「きらりんヒーロー スタイマーン！」

① 1

保育者が、子どもに向かって優しく呼びかける。

♪ゴーゴーゴー きらりんヒーロー

② 2

歌のリズムに合わせて、グーにした片手を上へあげる。

♪スタイマン

③ 3

三輪車にまたがり、ハンドルグリップを握ったイメージのスタイマンポーズをする。

♪ゴーゴーゴー 〜スタイマン

④ 4

②③を繰り返す。

♪スタイのマントを

⑤ 5

両手を後ろに伸ばして、おしりを突き出す。

♪なびかせて

⑥ 6

マントが風になびくように、両手をパタパタと動かす。

♪きょうもいくよ

⑦ 7

グーにした両手を上へあげる。

♪どこまでも

⑧ 8

グーにした両手を振って、足踏みする。

♪ハイハイハイハイ 〜ハイハイハイ

⑨ 9

はいはいする。

♪ついたところは

⑩ 10

立ち上がる。

♪おやまの てっぺんだ

⑪ 11

両手を頭の上で合わせて山を作る。頭を触るだけでもOK。

♪すごいぞ すごいぞ 〜パチパチパチ

⑫ 12

歌のリズムに合わせて、手をたたく。

2番

♪ゴーゴーゴー
　きらりんヒーロー
　スタイマン
　ゴーゴーゴー〜
　スタイマン

♪えいよう　♪まんてん　♪ミルクのん　♪で

②〜④

1番の②〜④と同様。

⑤⑥ ガッツポーズで体を左右に揺らす。両腕は上下に動かしても。

⑦⑧ ♪きょうもとぶよ　どこまでも

1番の⑦⑧と同様。

♪シューンシューン〜シュシュシュ　　♪ついたところは　　♪おそらの
　　　　　　　　　　　　　　　　　　　　　　　　　　　　くものうえ

♪シューン シューン　♪シューン シューン

⑨ グーにした両手を前に出したまま、膝を曲げたり、伸ばしたりする。

⑩ 立ち上がったまま待つ。

⑪ 両手を横に広げる。

⑫ ♪すごいぞ　すごいぞ　パチパチパチ
　　やったね　やったね　パチパチパチ

1番の⑫と同様。

ヒーロー・スタイマン

作詞・作曲／髙嶋 愛

トロルとやぎさん

「三びきのやぎ」を題材にしたあそび歌です。
0〜1歳児は、まねっこあそびが大好き！　歌いながら大好きな大人のまねをして、
トロルや三びきのやぎになり、手や体を動かしてあそびましょう。

普段のあそびに
体操の時間に
運動会に
発表会に
子育て支援に
親子あそびに

案●髙嶋 愛

1歳児　トロルとやぎになりきって、あそびを楽しみます。
最後は「まてまてあそび」につなげても。

1番

♪パッチン　パッチン　　♪おおきなめ　　♪ブラブラ　ブラブラ　　♪ながいはな

① 顔の横でグーにした両手を広げる動作をする。

両手で丸を作り、目に当てる。

② 下向きに広げた両手を、横に振る。

グーにした両手を重ねて鼻に付け、長い鼻を表現する。

♪もじゃもじゃ
もじゃもじゃ
けむくじゃら

♪そうさ
おれさま
トロルだぞ

「ウオー」

③ 手をゴニョゴニョと動かす。

④ 体を左右に揺らす。

⑤ 両手を上にあげる。

「まてまてあそび」へ

手あそびの後は、みんなでトロルになったり、やぎになったりして、大人を追いかけたり、大人から追いかけられて逃げたりして、あそびましょう。子どもの発達に合わせて、はいはい、よちよち歩き、小走りなど、自由なスタイルでOK。

2番

♪カタコト
カタコト
ちいやぎさん

♪ガタゴト　ガタゴト
ちゅうやぎさん

♪ガタンゴトン
ガタンゴトン
おおやぎさん

① その場で小さく足踏みする。

② その場で2番の①より大きく動いて足踏みする。

③ その場で2番の②より大きく動いて足踏みする。

♪そうさ つよいぞ
さんきょうだい

「メェー」

④ 1番の④と同様。

⑤ 1番の⑤と同様。

0歳児 大人と子どもが1対1で、向かい合って座ったり、膝の上に子どもを乗せたりしてあそびます。

1番 ♪パッチン〜けむくじゃら

1〜3 子どもと向かい合って、P.14の1番の①〜③と同様にあそぶ。大人がやって見せるだけでもOK。

♪そうさ おれさま トロルだぞ

4 両手で子どもの両脇を支え持って、一緒に左右に揺れる。

「ウオー」

5 子どもをくすぐる。

2番 ♪カタコト カタコト ちいやぎさん

1 両手で子どもの両脇を支え持ち、膝を曲げ伸ばしして、膝の上に乗った子どもを軽く上下に揺らす。

♪ガタゴト ガタゴト ちゅうやぎさん

2 2番の①より大きく揺らす。

♪ガタンゴトン ガタンゴトン おおやぎさん

3 2番の②より大きく動いて揺らす。揺れに合わせて、子どもの体を持ち上げても。

♪そうさ つよいぞ さんきょうだい

4 1番の④と同様。

「メェー」

5 座ったまま「たかいたかい」をする。

「まてまてあそび」へ

「まてまて」と言いながら、はいはいして逃げる子どもを、はいはいで追いかけてあそぶ。

★発表会では舞台上で、普段の保育であそんでいる歌あそびの姿をそのまま見てもらい、「まてまてあそび」で退場してもいいでしょう。

★ ★ ★ ★ ★ ★ ★ ★ ★ ★ ★ ★ ★ ★ ★ **トロルとやぎさん** ★ ★ ★ ★ ★ ★ ★ ★ ★ ★ ★ ★ ★ ★ ★

作詞・作曲／髙嶋 愛

1. パッチンパッチン おおきなめ　ブラブラブラブラ ながいはな　もじゃもじゃもじゃもじゃけむくじゃら　そうさおれさま トロルだ ぞ「ウオー」
2. カタコトカタコト ちいやぎさん　ガタゴトガタゴト ちゅうやぎさん　ガタンゴトンガタンゴトン おおや ぎさん　そうさつよいぞ さんきょうだい「メェー」

おてんきマーチ

子どもたちにとって身近な「おてんき」をテーマにしたあそび歌。
大人と向かい合って一緒にあそんだり、
小さい子はだっこしてもらったりして楽しめます。

案●ジャイアンとばば

普段のあそびに
体操の時間に
運動会に
発表会に
子育て支援に
親子あそびに

0歳児

歩けない子の場合は、子どもをだっこして、ふれあいながら楽しみましょう。

1〜4番 共通

♪お お おてんきマーチ
　きょうの おてんき なにかな

1 子どもをだっこしたまま、足踏みをする。

♪きょうは「はれ」

2 子どもの背中などを優しくトントンする。
※「くもり」「かみなり」「あめ」も同様。

1番

♪おひさま〜
　わらってる

3 子どもをだっこしたまま、その場で一回転する。

2番

♪くもさん〜
　つつんでる

3 子どもをだっこしたまま、体をなでる。

3番

♪ごろごろ
　ぴっかん

3 子どもを「たかいたかい」する。

♪いなずま
　はしってる

4 子どもをだっこしたまま、小刻みに揺らす。

4番

♪あまつぶ〜
　おどってる

3 子どもをだっこしたまま、体を上下に揺らす。

♪あめのあとは
　にじがでた

4 子どもをだっこしたまま、体を左右に揺らす。

★ ★ ★ ★ ★ ★ ★ ★ ★ ★ ★ ★ ★ **おてんきマーチ** ★ ★ ★ ★ ★ ★ ★ ★ ★ ★ ★ ★ ★ ★

作詞・作曲／ジャイアンとばば

1.〜4. お　お　おてんきマーチ きょうのおてんき なにかな　きょうは

1.「は　れ」　おひ さ さまん
2.「くも り」　く もさ さまん
3.「かみなり」 ご もろ ごろ
4.「あ　め」　あま つつ ぶ

ぴかぴか ー にこにこわらって る
もくもく く ー おそらをつつんで る
ぴ ー っか ー ん いなずまはしって る
ぼ ー っちゃ ー ん みんなでおどって る

あめの あとは ー にじが でた

1～2歳児 「はれ」「くもり」「かみなり」「あめ」の動きを楽しみながらあそびましょう。
親子で一緒に行ってもいいですね。

前奏・間奏・後奏 両手を前後に振りながら、その場で足踏みをする。

1番 ♪おお おてんきマーチ
きょうの おてんき なにかな

♪きょうは「はれ」

♪おひさま ぴかぴか
にこにこ わらってる

1
両手を前後に振りながら、その場で足踏みをする。自由に歩き回ってもOK。

2
手拍子をする。

3
両手を頭の上にあげ、手のひらをひらひらさせながら、その場で一回転する。

2番
♪おお
おてんきマーチ
～きょうは
「くもり」

♪くもさん

♪もくもく

♪おそらを
つつんでる

3番
♪おお
おてんきマーチ
～きょうは
「かみなり」

1 2
1番の①②と同様。

3
横に一歩移動しながら、両手を体の前で大きく回し、反対にも同様に動く。

4
③を繰り返す。

1 2
1番の①②と同様。

♪ごろごろ ぴっかん

♪いなずま
はしってる

4番
♪おお
おてんきマーチ
～きょうは
「あめ」

♪あまつぶ～
おどってる

♪あめのあとは
にじがでた

3
かいぐりしながらしゃがみ、「♪ぴっかん」で立ち上がる。ジャンプしてもよい。

4
その場で走る。

1 2
1番の①②と同様。

3
腕を前後に振りながら、リズムに合わせてジャンプする。体を上下させるだけでもよい。

4
両手をパーにして頭の上にあげ、大きく左右に振る。歌が終わったら、両手を広げて頭の上にあげるポーズをする。

だれだれだれでしょう？

普段のあそびに
体操の時間に
運動会に
発表会に
子育て支援に
親子あそびに

森の中で出会った動物をクイズにしたあそび歌です。
運動会や発表会の演目としても楽しいです。
0歳児は、座って「いない いない ばあ」と動物のまねだけでも OK！

1番 ♪もりをさんぽ
していたら

1 その場で足踏みをする。

♪おやおやだれか
みつけたぞ

2 両手をかざして、遠くを
見るまねをする。

♪いない いない ばあ
いない いない ばあ

3 「いない いない ばあ」を繰り返す。

♪だれでしょう

4 「ばあ」をしたまま、体を
ちょっと傾ける。

♪おみみが ピーン

5 両手を頭の上に置く。

♪ながくピーン
かわいくピーン

6 ⑤の動作を繰り返す。

♪だれでしょね

7 両手を頭の上に置いたまま、
体をちょっと傾ける。

♪おみみのながい

8 ⑤と同様。

♪うさぎさん

9 そのまましゃがむ。

「ピョーン」

10 ジャンプする。

♪おなかが ポーン ♪まるくポーン ポンポコポーン ♪だれでしょね

⑤ 両手をおなかに当ててから、左右に広げる。

⑥ 2番の⑤の動作を繰り返す。

⑦ 両手を広げたまま、体をちょっと傾ける。

♪ポンポコ おなかの ♪たぬきさん 「ポーン」 ♪おはながビューン

⑧ 両手をおなかに当てる。

⑨ そのまましゃがむ。

⑩ 立ち上がって両手を広げる。

⑤ 腕をゾウの鼻に見立てて、8の字を描くように動かす。

♪ながくビューン おおきくビューン ♪だれでしょね ♪おはなのながい ♪ぞうさん 「パオー」

⑥ 2番の⑤の動作を繰り返す。

⑦ 片腕を横に出して、体をちょっと傾ける。

⑧ ⑦で出した腕を軽く上下に揺らす。

⑨ 腕を下ろしてしゃがむ。

⑩ 立ち上がって片腕を上にあげる。

だれだれだれでしょう?

作詞・作曲／ジャイアンとばば

1.〜3. もりを さんぽ して いたら　おや おや だれか みつけたぞ　いない いない ばあ いない いない ばあ だれ でしょ う

1. おみみが ピーン　ながく ピーン　かわいく ピーン　だれでしょね　おみーみの　なーーがい　うさぎ さ ん「ピョーン」
2. おなかが ポーン　まるく ポーン　ポンポコ ポーン　だれでしょね　ポーンポコ　おなーかの　たぬき さ ん「ポーン」
3. おはなが ビューン　ながく ビューン　おおきく ビューン　だれでしょね　おはーなの　なーーがい　ぞうさ さ ん「パオー」

いない いない ばあ音頭

CDNo.08

案●髙嶋 愛

子どもたちが好きな「いない いない ばあ」あそびを音頭にしてみました。
おなじみの「いない いない ばあ」の動きを楽しみながら、
体も動かしてあそびましょう。

1〜2歳児 「いない いない ばあ」の動きを音頭のリズムに乗りながら、楽しみましょう。

前奏・間奏・後奏

リズムに合わせて、音頭
の手拍子をする。

1番 ♪いない いない ばあの　　　　**♪いない ばあ**

① 両手で顔を隠し、「♪ばあの」で両手を広げて
顔を出しながら、片足を斜め前に出す。

② ①と同様にして、「♪ばあ」で反対側の足を出す。

♪いない
いない
ばあの

♪イナバウアー

♪いない
いない
ばあの

♪いない いない
あれ

♪いるの いないの

③ ①と同様。

④ 両手を後ろに伸ばし、
少し体を反らす。

⑤ ①と同様。

⑥ 両手で顔を隠して、
リズムを取る。

⑦ 両手を広げて顔を出し、「♪いないの」で
また両手で顔を隠す。

♪ばっ　　　　♪ばっ　　　　♪ばっ

⑧ 軽く握った手をリズムに合わせてパッと広げる。

♪いない いない ばあ
〜「あっ そーれ」

⑨ ①②と同様。

♪いない いない

⑩ ⑥と同様。

♪ばっ ばっ ばっ

⑪ ⑧と同様。

2番

♪いない いない
　～ばあの

①～③
1番の①～③と同様。

♪いいな バナナ

④
両手を頭の上で合わせて、
バナナの形になる。

♪いない いない バナナ

⑤
両手で顔を隠し、「♪バナナ」で2番の④と同様に
バナナの形になる。

♪いない いない
　あれ
　いるの いないの

⑥⑦
1番の⑥⑦と同様。

♪バナナ

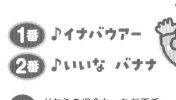

⑧
両手を上にあげて合
わせ、バナナの形に
なって左右に揺れる。

♪いない いない
　ばあ
　～いない いない

⑨⑩
1番の①②⑥と同様。

♪ばっ ばっ ばっ

⑪
1番の⑧と同様。

3番　※1番と同様にあそぶ。

0歳児　座ったままで楽しんだり、子どもの発達に合った動きに変えたりしてあそびましょう。

1番 ♪イナバウアー
2番 ♪いいな バナナ

④
どちらの場合も、ただ両手
を上げるだけでOK。

1番
♪ばっ ばっ ばっ

⑧
両手を上げて左右
に揺れる。

★ ★ ★ ★ ★ ★ ★ ★ ★ ★ ★ ★ ★ ★ ★ ★ **いない いない ばあ音頭** ★ ★ ★ ★ ★ ★ ★ ★ ★ ★ ★ ★ ★ ★ ★ ★

作詞・作曲／髙嶋 愛

1.3.いないいないばあの いないいないばあ　いないいないばあの イナバウアー　いないいないばあの いないいないあれ
2.いないいないばあの いないいないばあ　いないいないばあの いいなバナナ　いないいないバナナ いないいないあれ

いるのいないの ばっぱっぱっ　いない いない ばあ「あっそーれ」いない いない ばあ「あっそーれ」い な い い な い ばっぱっぱっ
いるのいないの バナナ　いない いない ばあ「あっそーれ」いない いない ばあ「あっよいしょ」

21

ジャンプ＆ジャンプ

たくさんジャンプをすることが楽しいあそび歌。
手足を曲げたり、伸ばしたり、体をたくさん動かしてあそびましょう。
0歳児は大人の足の上でジャンプ・ジャンプ！

普段のあそびに
体操の時間に
運動会に
発表会に
子育て支援に
親子あそびに

案●ハリー☆とたまちゃん♪

0歳児 子どもを足の上に乗せて向かい合ってあそびます。

♪げんきな おてて〜
げんきな からだ

1 歌詞に合わせて子どもの
手・足・体全体を動かす。

♪みんなみんな
めをさませ

2 大人が拍手し、でき
る子はまねする。

♪ジャンプ ジャンプ〜ジャンプ ジャンプ

3 膝を上下させる、「たかい たかい」、子どもがリズムを感じながら
自由に伸びをする、などしてあそぶ。

「♪ジャンプ〜」のと
ころは、いろいろな
動きを入れてあそん
でみましょう。

♪おやすみ

4 子どもを寝かせるように
抱き締める。
※③④を繰り返す。

★ ★ ★ ★ ★ ★ ★ ★ ★ ★ ★ ★ ★ **ジャンプ＆ジャンプ** ★ ★ ★ ★ ★ ★ ★ ★ ★ ★ ★ ★ ★

作詞／金子和弘　作曲／玉井智史

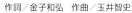
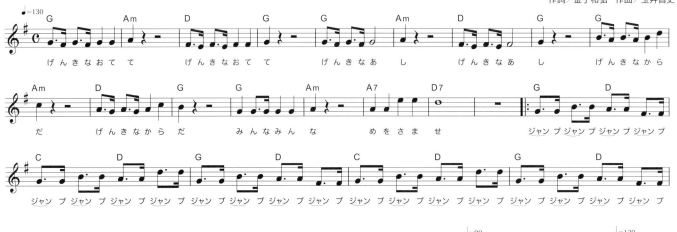

♪げんきな

① 両腕で力こぶを作り、上げ下げする。

♪おてて

② 両手を上に伸ばし、左右に振る。

♪げんきな　おてて

③ ①②を繰り返す。

♪げんきな

④ ①と同様。

♪あし

⑤ 手は①のまま、足を広げて、膝を曲げ伸ばしする。

♪げんきな　あし

⑥ ④⑤を繰り返す。

♪げんきな

⑦ ①と同様。

♪からだ

⑧ 両腕を胸の前で交差させ、上半身を左右に揺らす。

♪げんきな　からだ

⑨ ⑦⑧を繰り返す。

♪みんなみんな

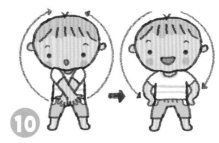

⑩ 両手を下から上に大きく回し、腰に当てる。手拍子するだけでも OK。

♪めをさませ

⑪ リズムを取ってから「♪せ」で両手を上げ、上半身をぐるりと回す。

♪ジャンプ〜ジャンプ

その場で、移動しながら、手を高く・低くなど、いろいろなジャンプを楽しみます。

⑫ 歌詞に合わせてジャンプする。

♪おやすみ

⑬ しゃがんで眠るポーズ。
※⑫⑬を繰り返す。

23

だれだろな

身近な生き物を、いろいろなポーズで表現して楽しみましょう。
0歳児は歌いながら、子どもの体に優しくふれて。
1～2歳児は、なりきりあそびで体を動かしましょう。

普段のあそびに
体操の時間に
運動会に
発表会に
子育て支援に
親子あそびに

0歳児 座ったり、膝に乗せた子どもの腕を持って動かしたり、体にふれたりして生き物を表現します。

1番

♪つちのなかに すんでいる

1 子どもの顔を両手で隠したり、出したりする。

♪ミミズ

2 人さし指でくねくねと両腕をなぞる。

♪モグラ

3 指先でくるくると両腕をなでる。

♪ダンゴムシ

4 グーの手を腕の上でごろごろ転がす。

♪さいしょに でるのは だれだろな

5 ①と同様。

（はい）

6 ②③④の中の1つを行う。

2番

♪そらのうえを とんでいる

1 手首を持ち、上下にぱたぱたさせる。

♪スズメ

2 肘を曲げて、手首をぶらぶらさせる。

♪トンボ

3 両腕を胸元から左右に広げる。

♪チョウチョ

4 腕を胸に寄せたり、離したりする。

♪さいしょに とまるのは だれだろな

5 2番の①と同様。

（はい）

6 2番の②③④の中の1つを行う。

☆ ☆ ☆ ☆ ☆ ☆ ☆ ☆ ☆ ☆ ☆ ☆ ☆ **だれだろな** ☆ ☆ ☆ ☆ ☆ ☆ ☆ ☆ ☆ ☆

作詞・作曲／小川俊彦

1.つ ち の な か に すん で い る　ミ ミ ズ　モ グ ラ
2.そ ら の う え を とん で い る　ス ズ メ　ト ン ボ

ダン ゴ ム シ　さい しょ に で る の は　だ れ だ ろ な （はい）
チョ ウ ー チョ　さい しょ に と まる の は　だ れ だ ろ な （はい）

1～2歳児 いろいろな生き物になりきってあそびましょう。
最後は子どもの好きな生き物のポーズで決めます。

1番

♪つちのなかに

1 片腕ずつ順に、顔の前に上げる。

♪すんでいる

2 ①の腕を下げて、上げて、下げる。

♪ミミズ

3 体を揺らしながら両手を頭の上で合わせる。

♪モグラ

4 指を曲げて前に出す。

♪ダンゴムシ

5 膝を軽く曲げ、体を丸める。

♪さいしょに でるのは

6 ①と同様。

♪だれだろな

7 ②と同様。

（はい）

8 ③④⑤の中の1つのポーズをする。
保育者と同じポーズができるかのあそびにしてもよい。

2番

♪そらの うえを

1 手首を曲げた手を、左右に片方ずつ上げる。

♪とんでいる

2 ①の手を下、上、下に動かす。

♪スズメ

3 手首だけ上下に動かす。

♪トンボ

4 両手を広げる。

♪チョウチョ

5 肘を曲げ両手をひらひらさせる。

♪さいしょに とまるのは
6 2番の①と同様。

♪だれだろな
7 2番の②と同様。

（はい）

8 2番の③④⑤の中の1つのポーズをする。

25

スパゲッティーパーティナイト

シュビドゥビ　シュビドゥバー。
夜になるとスパゲッティーが踊り出す、おもしろかわいいダンスナンバー。
みんなで楽しくパーティナイトを踊っちゃおう。

普段のあそびに
体操の時間に
運動会に
発表会に
子育て支援に
親子あそびに

1〜2歳児　腕やおしりを動かして、楽しく踊りましょう。

1番

♪カチコチコチッと
スパゲッティー

1 パーにした手を交互に上げ下げする。

♪おなべの　おふろで
（メイクアップ）

2 体の前で円を作り、おなべに見立て、体を左右に揺らす。

♪こんやは　いつもと
ちがうよる

3 片手の人さし指を立てて、チッチッチッと動かしながら体も揺らす。

♪ドキドキワクワク
パーティナイト

4 両手を胸に当て、うなずく。

♪シュビドゥビ
シュビドゥバ

5 頬の前で手をぎゅっと握り、リズムを取る。

♪シェイクシェイク
〜シェイクシェイク

6 両手を握ったまま交互に上げ下げする。

♪シュビドゥビ
シュビドゥバ

7 ⑤と同様。

♪クルクルクルクル
クルックル

8 かいぐりをする。

♪シュビドゥビ
シュビドゥバ

9 ⑤と同様。

♪フリフリフリフリ
フリッフリ

10 手を腰に当て、おしりをフリフリする。

♪シュビドゥビ　シュビドゥビ
シュビドゥバー

11 体の前で片手を大きくぐるぐる回し、「♪バー」で、親指、人さし指を立てた手を上で止める。

2番

♪チュルチュル チュルッと スパゲッティー

①
両手の人さし指を立てて顔の横でくるくる回す。

♪みんなでハッピー （ダンシング）

②
両手で投げキッスを2回する。

♪こんやは まだまだ おわらない～ シュビドゥバー

③〜⑪
1番の③〜⑪と同様。

♪シュビドゥビ シュビドゥビ シュビドゥバー

⑫
体の前で両手を大きくぐるっと回し、「♪バー」で手をパーにして上で止める。

0歳児 膝の上で、向かい合うように座ってあそびます。2番は1番と同様に行いましょう。

1番

♪カチコチコチッと スパゲッティー

①
子どもを膝の上に乗せ、向かい合う。子どもの腕をさする。

♪おなべのおふろで（メイクアップ）

②
両腕で円を作り、子どもの頭の上から下げ、「（メイクアップ）」で円を上にあげる。

♪こんやは～ シュビドゥバ

③〜⑨
子どもの手を持って、P.26の③〜⑨の手の動きと同様に行う。

♪フリフリフリフリ フリッフリ

⑩
手を持って、上下に動かす。

♪シュビドゥビ シュビドゥビ シュビドゥバー

⑪
手を持って、ぎゅっと顔を近づける。「♪バー」で抱き締める。

☆ ☆ ☆ ☆ ☆ ☆ ☆ ☆ ☆ ☆ ☆ ☆ **スパゲッティーパーティナイト** ☆ ☆ ☆ ☆ ☆ ☆ ☆ ☆ ☆ ☆ ☆ ☆

作詞／川崎ちさと　作曲／入江浩子

はなはな☆ビックス

普段のあそびに
体操の時間に
運動会に
子育て支援に
親子あそびに

みんなの大好きな花火をイメージしながら体のいろいろな部分を動かして楽しむ、エクササイズ風表現ダンス!! 体を十分に動かすことで充実感を味わえるうえ、単純な動きでアレンジしているので、運動会の準備体操としても楽しめます。

CD No.12

案●ジャイアンとぱぱ

1〜2歳児 ジャンプしたり、回ったり……、いろいろな花火を体で表現してあそびます。

1番

♪はなはなビッグに 〜はなはなビーックス

① リズムに合わせて足踏み。「♪ビックリ」で両手を広げる。

♪おててをあげて 〜うちあげろ（オッケー）

② リズムに合わせてエアロビ風に左右に伸びる。

♪うちあげはなび〜 （ヒュー）

③ しゃがんで準備して、「（ヒュー）」でジャンプする。

2番

♪はなはなビッグに
はなはなビクス
はなはなビックリ
はなはなビーックス

① 1番の①と同様。

♪あしをあげて 〜うちあげろ（オッケー）

② リズムに合わせてももを上げる。

♪ねずみはなび〜 （ヒュルルルルル）

③ しゃがんで準備してから立ち上がり、「（ヒュルルルルル）」で回転する。

3番

♪はなはなビッグに
はなはなビクス
はなはなビックリ
はなはなビーックス

① 1番の①と同様。

♪まゆげをあげて 〜うちあげろ（オッケー）

② リズムに合わせてまゆ毛を上下する。上下させているつもりで OK。

♪せんこうはなび〜 （……ポト）

③ しゃがんで準備。「（……ポト）」で倒れる。外の場合は、しゃがんだまま首をかしげる。

4番

♪はなはなビッグに
はなはなビクス
はなはなビックリ
はなはなビーックス

♪テンションあげて
〜うちあげろ（オッケー）

♪とくだいはなび〜
（たーまやー）

① 1番の①と同様。

② テンションを上げながら、バンザイしたり、ジャンプしたりして動き回る。

③ しゃがんで「（たーまやー）」で、大きくジャンプする。

 **0歳児** ①②は、リズムに乗って自由に体を動かしましょう。
1〜4番とも③は動きが変わります。しっかり抱きかかえて行いましょう。

1番

♪うちあげはなび〜
（ヒュー）

③ 「たかい たかい」をする。

2番

♪ねずみはなび〜
（ヒュルルルルル）

③ だっこをしながらクルクル回る。

3番

♪せんこうはなび〜
（……ポト）

③ 子どもの両脇を抱えてぶらぶら。

4番

♪とくだいはなび〜
（たーまやー）

③ 大人と一緒にジャンプ！

★ ★ ★ ★ ★ ★ ★ ★ ★ ★ ★ **はなはな☆ビックス** ★ ★ ★ ★ ★ ★ ★ ★ ★ ★

作詞・作曲／ジャイアンとぱぱ

チューチューだいぼうけん

冒険に出発したネズミさんたちに、いろいろな出来事が起こる楽しいダンス。
小さい子は、だっこしたり、手をつないだりして、親子でも楽しめます。

普段のあそびに
体操の時間に
運動会に
発表会に
子育て支援に
親子あそびに

1〜2歳児 あそびながら、わくわくする冒険をして楽しみましょう。

1番

♪前奏〜いざすすめ

① 元気よく腕を振りながら歩く。

（チュー）

② 元気よくこぶしを突き上げる。

♪やれすすめ（チュー）

③ ①②と同様。

♪だいすきな

④ 手をかざすように額に当て、片足を横に踏み出す。

♪ものを

⑤ 両手を腰に当て、足を元に戻す。

♪みつける

⑥ ④の反対。

♪ための

⑦ ⑤と同様。

♪ぼうけん　はじまるよ

⑧ こぶしを勢いよく上げ下げする。

♪かぜが　ふいてきた〜ふいてきた（チュー）

⑨ 手を広げてぐるぐる回る。

★ ★ ★ ★ ★ ★ ★ ★ ★ ★ ★ ★ ★ **チューチューだいぼうけん** ★ ★ ★ ★ ★ ★ ★ ★ ★ ★ ★

作詞・作曲／入江浩子

2番 ※①〜⑧は1番と同様。

♪かわだ ジャンプして
〜ジャンプして
（チュー）

⑨ 両手を上げてジャンプを繰り返す。

3番 ※①〜⑧は1番と同様。

♪ネコが やってきた〜やってきた（チュー）

⑨ 走ったり、友達を追い掛けたりする。

♪あっ みつけた

⑩ 片手を上げる。

♪だいすきなもの

⑪ もう片方の手も上げる。

♪みつけたよ

⑫ 両手を上げたまま、くるっと回る。

（ギュー）

⑬ 友達とギューッと抱き合う。

親子あそびに ①〜⑧はP.30と同様にして、だっこや、手をつなぎながら楽しみましょう。

1番

♪かぜが ふいてきた
〜ふいてきた（チュー）

⑨

両脇を持って抱き上げ、飛ぶようにくるくる回す。

2番

♪かわだ ジャンプして
〜ジャンプして（チュー）

⑨

子どもを高く持ち上げ、着地させる。これを繰り返す。

3番

♪ネコが
やってきた〜
やってきた（チュー）

⑨

親子で追いかけっこをする（まだ歩けない子なら、だっこしたまま走る）。

♪あっ みつけた
だいすきなもの
みつけたよ

⑩〜⑫

見つめ合って左右に揺れる。

（ギュー）

⑬

ギューッと抱き締める。

x

x

x

エイエイお〜!!

かけっこや玉入れ、綱引きの種目を盛り込んだ、運動会にふさわしいあそび歌。
「エイエイお〜!!」とみんなで声を合わせて、元気いっぱいに体を動かしましょう。

普段のあそびに
休憩の時間に
運動会に
発表会に
子育て支援に
親子あそびに

運動会バージョン・0〜1歳児親子

向かい合ってだっこしたり、膝の上に乗せたり、
立てる子はたっちで手をつないだりしてあそびます。
※1〜3番とも①②④は共通。3番だけ⑤⑥の動作を追加。

1番（ エイエイお〜
エイエイお〜 ）
♪かけっこ
がんばるぞ

① つないだ手を交互に
上げ下げする。

（ お〜! ）

② 2人でジャンプ。子どもは
ジャンプのつもりで OK。

♪ビューン〜ビュン
ビュン ビューン

③ だっこしてゆっくり走り回る。

（「ゴール」）

④ 手を上げるなど、2人で自由な
ポーズ。

2番 ♪ぴょーん〜
ぴょーん

③ だっこして、軽く跳ねる。

3番 ♪よーいしょー
〜よーいーしょー

③ 座って子どもを膝に乗せ、前後に体を倒す。

（ エイエイお〜
エイエイお〜 ）

⑤ 2人で腕を上げる（2回）。

♪みんなにはくしゅ

⑥ 2人で拍手をする。

運動会バージョン・2歳児

走ったり、投げたり、引っ張ったり。運動会の人気種目の動きを楽しみましょう。
※1〜3番とも①②④は共通。3番だけ⑤⑥の動作を追加。

1番（ エイエイお〜エイエイお〜 ）
♪かけっこ がんばるぞ

① 握った片手を上げる動作を繰り返す。

（ お〜! ）

② 手を上げたままジャンプ。
そのまませりふを聞く。

♪ビューン〜ビュン
ビュン ビューン

③ 自由に駆け回る。

（「ゴール」）

④ 手を上げるなど、自由な
ポーズ。

2番 ♪ぴょーん〜ぴょーん

③ 玉入れのしぐさ
をしながらジャ
ンプを続ける。

3番 ♪よーいしょー
〜よーいーしょー

③ 綱を引くしぐさを続ける。

（ エイエイお〜
エイエイお〜 ）

⑤ 1番の①と同様。

♪みんなにはくしゅ

⑥ 拍手をする。

おはよう・着替え・おやすみタイムを楽しむ普段あそびバージョン。
楽譜Aの歌詞に替えて、毎日のあそびに取り入れてみてください。
※1～3番とも①②⑦は共通。3番だけ⑧⑨の動作を追加。

1番 （エイエイお～　エイエイお～）

1　握った片手を上げ下げする動作を繰り返す。

♪あいさつがんばるぞ（はーい！）

2　口元に両手を当てて声を出すしぐさ。そのままセリフを聞く。

♪おめめをみつめて

3　眼鏡にした両手を目に当てる。

♪にこにこスマイル

4　指を頬に当てるなど笑顔でポーズ。

♪げんきをとどけよう

5　両腕に力こぶを作るポーズ。

♪おおきなこえて　（「おはよー！」）

6　②と同様。

7　手を上げるなど自由なポーズ。

2番 ♪おててをだして

3　片手を上げる。

♪はんたいもだして

4　反対の手も上げる。

♪あたまもだして

5　頭を前後に動かす。

♪ズボンをはいたらできあがり

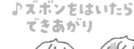

6　ズボンをはくしぐさをし、おしりを振る。

3番 ♪すやすやすやすや

3　眠るしぐさ。

♪あれあれごーろごろ

4　自由にごろごろ転がる。

♪ごろごろごーろごろ

5　続けてごろごろ転がる。

♪おはよう

6　両手を上げて起き上がる。

（エイエイ お～　エイエイ お～）

8　1番の①と同様。

♪みんなにはくしゅ

9　拍手をする。

☆☆☆☆☆☆☆☆☆☆☆　エイエイお～!!　☆☆☆☆☆☆☆☆☆☆☆

作詞・作曲／ジャイアンとぱぱ

※「A」の歌詞（普段あそびバージョン）はCDには収録していません。

すごいくつ

自分で履けるようになった靴を見つめて、自信満々！
そんな子どもたちの「できる！」「すごい！」「みてて！」が詰まったダンスです。
親子であそんでも楽しめます。

普段のあそびに
体操の時間に
運動会に
発表会に
子育て支援に
親子あそびに

前奏・間奏・後奏

リズムに合わせて、両手を軽く
広げてももをたたく。

1番　♪このくつ　　♪はくと

① 両手を腰に当て、片足ずつ左右交互に
前に出し、かかとで地面をトンとする。

♪なんでも　できるよ

② 軽くしゃがんでから、両手を上にあげて
伸びる。2回してもよい。

♪このくつ　すごい

③ ①と同様。

♪みててね　みててね

④ 両手を腰に当てたまま、おしりを左右
に振る。

♪はやい　はやい　はやい

⑤ その場で駆け足する。

「やったー」

⑥ ジャンプする。

※2〜4番は⑤だけ動きを変え、①〜④、⑥は1番と同様に踊る。

2番　♪まわる　まわる　まわる

⑤ その場で小さく回る。

3番　♪とまる　とまる　とまる

⑤ 両手を広げて、ピタッと止まる。

4番　♪あがる　あがる　あがる

⑤ 片足を上げる。

親子あそびに

親子で向かい合って踊りましょう。1〜4番とも⑤のところだけ動きが変わります。

1〜4番 ♪このくつ はくと〜 みててね みててね

①〜④ 動作の流れは P.34 と同じ。子どもと同じ動きで、一緒に踊る。

1番 ♪はやい はやい はやい

⑤ 「待て待て〜」と子どもを追いかける。

2番 ♪まわる まわる まわる

⑤ 子どもの両脇を持って抱き上げて回す。

3番 ♪とまる とまる とまる

⑤ 向かい合って両手を広げ、ピタッと止まる。

4番 ♪あがる あがる あがる

⑤ 子どもの両脇を持って抱き上げ、少しずつ上げていく。

1〜4番 「やったー」

⑥ 子どもを抱き上げて「たかい たかい」をする。

★ ★ ★ ★ ★ ★ ★ ★ ★ **すごいくつ** ★ ★ ★ ★ ★ ★ ★ ★ ★

作詞・作曲／さあか

1.〜4. こ の く つ は く と ー なんでもできるよ こ の く つ すごい ー
みててねみててね
1. は や い は や い は ー や ー い る
2. ま わ る ま わ る ま ー わ ー る る
3. と ま る と ま る と ー ま ー る る
4. あ が る あ が る あ ー が ー る る
「やったー」

35

ちびっこ忍者でごじゃるるるん

普段のあそびに
体操の時間に
運動会に
発表会に
子育て支援に
親子あそびに

かっこいい忍者になりきって、踊りましょう。
ジャンプしたり、手裏剣を投げたり……忍者の修行を楽しく再現します。

1番

♪前奏〜ちびっこにんじゃで ごじゃるんるん

1 両腕を振って、その場で足踏みする。

♪るんるんたのしく しゅぎょうで（ごじゃるん）

2 両手を腰に当て、膝を曲げ伸ばしする。

♪ジャンプだ いくよ

3 その場で止まる。できれば、首を上下に振って、リズムを取る。

♪ゴーゴゴー

4 片手を腰に当て、もう片方の手を上にあげる。両手を上げてもOK。

（ジャンプ ジャンプ〜 ジャジャジャジャ ジャンプ）

5 両手を上げて、ジャンプする。

♪じょうずに できたで ごじゃ

6 胸の前で、両手を合わせて忍術ポーズ。その場で1回転する。

♪るるるん

7 両手を腰に当てて、左右におしりを振る。

2番

♪ちびっこにんじゃで
ごじゃるるんるん
るんるんたのしく
しゅぎょうで（ごじゃるん）
しゅりけん いくよ
ゴーゴゴー

1〜4
1番の①〜④と同様。

（シュッ シュッ〜
シュシュシュシュ
シュッ）

5
いろいろな方向に手裏剣
を投げるポーズ。

♪じょうずに
できたで
ごじゃるるるん

6 7
1番の⑥⑦と同様。

3番

♪ちびっこにんじゃで
ごじゃるるんるん
るんるんたのしく
しゅぎょうで（ごじゃるん）
ダンスだ いくよ
ゴーゴゴー

1〜4
1番の①〜④と同様。

（プリン プリン〜
 プププ プリン）

5
1番の⑦と同様。

♪じょうずに
できたで
ごじゃるるるん

6 7
1番の⑥⑦と同様。

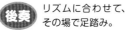

間奏 1番の②と同様に、両手を腰に当て、リズムに合わせて、膝を曲げ伸ばしする。

後奏 リズムに合わせて、その場で足踏み。

両手を上げてジャンプ。

体を丸めるように小さくなって、忍者風に着地。

★ ★ ★ ★ ★ ★ ★ ★ ★ ★ ★ ★ ★ ★ ★ **ちびっこ忍者でごじゃるるるん** ★ ★ ★ ★ ★ ★ ★ ★ ★ ★ ★ ★ ★

作詞・作曲／入江浩子

ぶどうのグレープちゃん

丸くてかわいいブドウ。そんなブドウのおいしいヒミツを歌にしました。
かわいいグレープちゃんになりきって、楽しくあそびましょう。

普段のあそびに
体操の時間に
運動会に
発表会に
子育て支援に
親子あそびに

1番 ♪わたし

1 人さし指で鼻を3回タッチ。

♪ぶどうの

2 片手で丸を作って顔の横に出す。同じようにもう一方の手も横に出す。

♪グレープちゃん

3 左右に揺れる。

♪わたしのおいしい

4 ①と同様。

♪ヒミツはね

5 人さし指を口に当てて、"シー"のポーズ。

♪しろいおこなで

6 顔の横で両手をキラキラさせる。

♪ポンポンポーン

7 両手で頬を3回タッチ。

♪いっぱいおけしょうしているの

8 お化粧しているように、両手で顔をパタパタ触る。

♪そんなわたしをえらんでね

9 両手の人さし指を頬に当て、左右に揺れる。

2番

♪わたし
　ぶどうの
　グレープちゃん
　わたしのおいしい
　ヒミツはね

1〜5 1番の①〜⑤と同様。

♪おひさまキラキラたくさんあびて

6 両手をキラキラさせながら、下から上へ円を描くように動かす。

♪おなかパンパン
ふくらんでるの

⑦ 両手でおなかを軽くパンパン
とたたく。

♪そんなわたしを
えらんでね

⑧ 1番の⑨と同様。

③番

♪わたし
ぶどうの
グレープちゃん
わたしのおいしい
ヒミツはね

①〜⑤ 1番の①〜⑤と同様。

♪みんなそっくり
おなじかお

⑥ 両手で顔を挟んで、左右に
揺れる。

♪まるいつぶつぶ せいぞろい

⑦ 頭の上で大きな丸を作り、次に顔の横で小さな丸を作る。
これを繰り返す。

♪そんなわたしを
えらんでね

⑧ 1番の⑨と同様。

♪そんなわたしは
たべごろよ

⑨ 好きなポーズを取って、左右に揺れる。

★ ★ ★ ★ ★ ★ ★ ★ ★ ★ ★ ★ ★ ★ ★ ★ ★ ★ **ぶどうのグレープちゃん** ★ ★ ★ ★ ★ ★ ★ ★ ★ ★ ★ ★

作詞・作曲／ジャイアンとばば

1.2.3.わたし ぶどう のグレー プちゃん　　わたしのおいしい　ヒミツはね
1. しろい　　おこなで－
2. おひさま　キラキラ－
3. みんな　　そっくり－

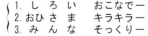

ポン ポン－ポーン　　いっ ぱい おけしょう して いる の
たくさん あびて－　　おー なか パンパン ふくらんで るの
おな じかーお－　　まー るい つぶつぶ せいぞろ い

そんな わたしを－

えらんで－ ね　　（×3）　　そんな わたしは－　　たべ ご ろ よ

おたまじゃくしがスイスイスイ

スイスイと走り回ったり、ジャンプしたりすることが楽しいあそび歌です。
オタマジャクシやカエルになりきって、思いきり体を動かしてあそびましょう。

普段のあそびに
体操の時間に
運動会に
発表会に
子育て支援に
親子あそびに

1番

♪たまごの

1 親指と人さし指を合わせて小さな丸を作り、両手を上げ、片足を横に出す。次に両手を下ろし、足を戻す。

♪なかから

2 ①と反対側に足を出し、ほかは同様に行う。

♪とびだして
きたのは

3 ①②と同様。

♪しっぽのかわいい
おたまじゃく

4 両手を腰に当て、おしりを左右に振る。

♪し

5 両手を上でパチンと合わせる。

♪スイスイスイスイ〜
スイスイ

6 オタマジャクシになったつもりで走り回る。

2番

♪おいけで

1 胸の前で大きな丸を作り、片足を横に出して戻す。

♪スイスイ

2 腕はそのままで、①と反対側の足を横に出して戻す。

♪およいでいたこ

3 手を合わせて前に出し、その場で1周回る。

♪は

④ 両手を腰に当てる。

♪あしがでて

⑤ 両手を腰に当てたまま、片足ずつ横に出す。

♪てがでて

⑥ 片手ずつ上にあげる。

♪カエルになっちゃっ

⑦ 腕と足を曲げ、カエルのポーズ。

♪た

⑧ 両手を上げる。

♪ピョンピョンピョンピョン～ ピョンピョン

⑨ カエルになったつもりでジャンプする。

おたまじゃくしがスイスイスイ

作詞・作曲／入江浩子

1. た ま ご の なーか から と び だ して ーきたのは
2. お い け で スーイ スイ お よ い でーた こは

しっぽ の かーわ いい お た ま じゃ く し
あ し が でーて がでて カ エ ル になっちゃっ た

スイ スイ スイ スイ スイ スイ スイ スイ スイ スイ スイ スイ スイ スイ
ピョン ピョン ピョン ピョン ピョン ピョン ピョン ピョン ピョン ピョン ピョン ピョン ピョン ピョン

スイ スイ スイ スイ スイ スイ スイ スイ スイ スイ スイ スイ スイ スイ
ピョン ピョン ピョン ピョン ピョン ピョン ピョン ピョン ピョン ピョン ピョン ピョン ピョン ピョン

1〜2歳児

にゃんこ体操

顔を洗ったり、くるくる回ったり、子どもたちみんなで子ネコに変身。
帽子に耳を付けて踊ってもかわいいですね。

CD No.19

案●藤本ちか

普段のあそびに
体操の時間に
運動会に
発表会に
子育て支援に
親子あそびに

1番

♪にゃんこたいそう〜
　かおをあらいます

1 両手を軽く握って、顔の横でネコのまねをして動かす。

♪ゴシゴシ〜ぷぃっ（はいっ）

2 手を握ったまま、手の甲で顔を洗い、ネコのまねをしながら「♪ぷぃっ　ぷぃっ」で顔を左右に振る。

※2〜4番の①は1番と同様。

2番 ♪くるくるくるくる〜
　　くるくるるん

2 ネコのポーズで、その場でくるくる回る。

3番 ♪みゃあおん〜
　　みゃあおん（はいっ）

2 腰を曲げて、ちょっとためを作ってから大きく伸びをする。

4番 ♪ニャンニャン〜
　　ニャン（ニャー）

2 ネコのまねのまま、その場でジャンプ。「（ニャー）」で好きなポーズをする。

★ ★ ★ ★ ★ ★ ★ **にゃんこ体操** ★ ★ ★ ★ ★ ★ ★

作詞・作曲／藤本ちか

※楽譜は、読みやすくするために音源とは調を変えています。

りんりん・GO!!

元気な「ゴーゴー!!」のかけ声と、かわいいポーズにみんな注目。
ノリノリで楽しめるダンスです。

普段のあそびに
体操の時間に
運動会に
発表会に
子育て支援に
親子あそびに

CD No.20

案●ジャイアンとばば

前奏・後奏
腰に手を当て、おしりを左右に振ってリズムを取る。

1番 ♪りんりん りんご〜（ゴーゴー）

① 腰に手を当てておしりを振り、「（ゴーゴー）」で、「ゴーゴー」と言いながらグーの手を上にあげる。

♪ぼくたち あかくて

② 頬に指を当てて、左右に揺れる。

♪まあるい りんご

③ 頭の上で大きな丸を作り、片足を前に出す。

♪（リンリンリン）かわをむいて〜ムキムキ

④ 両手を上げたムキムキポーズで、左右に揺れる。

♪はだかんぼ

⑤ 両手を胸の前に持ってきて小さくなり、「♪ぼ」で手足をぱっと開く。

（キャー）キャー

⑥ 胸の前で両手をクロスさせる。

2番 ♪（リンリンリン）トントンきるよ〜トントン

※2、3番の①〜③は、1番と同様。

④ 横を向いて手を包丁にして交互にトントン、反対側を向いてトントンする。

♪うさぎりんご

⑤ 手を頭の上に載せ、ウサギの耳を作る。

（ピョーン）

⑥ ウサギの耳のまま、跳びはねる。

3番 ♪（リンリンリン）ミキサーにいれて〜クルクル

④ 横を向いてかいぐり、反対側を向いてかいぐり、正面を向いてかいぐりをする。

♪りんごジュース

⑤ 両手の指先を頭の上に付け、Mの形を作る。

（ジューシー）

⑥ 両手でCの形を作る。

♪りんりん りんご〜 まあるいりんご

後奏（イェイ）

⑦ 1番の①〜③を繰り返し、後奏「（イェイ）」で1番の③のポーズ。好きなポーズでもOK。

☆☆☆☆☆☆☆☆☆☆☆☆☆☆☆ りんりん・GO!! ☆☆☆☆☆☆☆☆☆☆☆☆☆☆☆

作詞・作曲／ジャイアンとばば

はっぱパンパン はっぱフミフミ

公園に行ったときのニコニコウキウキ気分を表現しました。
覚えやすく、さわやかな気分で楽しく踊れます。

普段のあそびに
体操の時間に
運動会に
発表会に
子育て支援に
親子あそびに

1番

♪こうえんに
きてみたら

1 ジャンプする（慣れてきたら前、後ろ、前、前のリズムでジャンプ）。

♪ニコニコウキウキ
いいきぶん

2 両手をパーにして、上にあげ、左右に大きく振る。

♪みあげて
みたそらは

3 ①と同様。

♪キラキラ キラキラ
キラキラ

4 ②と同様。

♪ひかりの なかから

5 両手で顔を隠す。

（ひらひら）

6 手を横に開き、ひらひらさせる。

♪かぜにふかれて（ひらひら）

7 ⑤⑥と同様。

♪なにかな なにかな

8 双眼鏡をのぞくまねをして、脇を開け閉めしながら屈伸する。

♪じーっと みてみたら

9 手は⑧のままで、体を左右に傾ける。

♪それは

10 その場で1周回る。

♪はっぱはっぱ　（パンパンパン）

⑪顔の横で両手をひらひらさせる。

⑫手拍子をする。

♪はっぱはっぱ（パンパンパン）

⑬⑪⑫と同様。

♪はっぱはっぱ（パンパンパン）
はっぱはっぱ（パンパンパン）

⑭手拍子をしながら半円を描くように動かし、続けて、反対側に動かす。

2番　※①〜⑩は1番と同様。

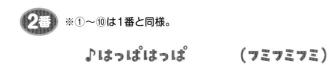

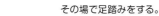

♪はっぱはっぱ　（フミフミフミ）

⑪1番の⑪と同様。

⑫その場で足踏みをする。

♪はっぱはっぱ（フミフミフミ）〜
はっぱはっぱ（フミフミフミ）

⑬⑭⑪⑫を繰り返す。「（フミフミフミ）」は、速い足踏みで。

★★★★★★★★★★★★★★★★ **はっぱパンパン はっぱフミフミ** ★★★★★★★★★★★★★★★★

作詞／福田りゅうぞう　作曲／入江浩子

1.こうえんにーきてみたらー　ニコニコウキウキいいきぶんー　みあげてみーたーそーらはー　キラキラキラキラ　キラキラ
2.てをつないでかえりみちー　はなうたうたっていいきぶんー　ぼうしがかぜにとばされたー　フワフワフワフワ　フワフワ

ひかりのなかから（ひらひら）　かーぜにふかれて（ひらひら）　なにかな　なにかなー　じーっとみてみたら　それは
ひろったぼうしが（カサカサ）　あしぶみワンツー（カサカサ）　なんのおとなんのおと　みみをすましたら　それは

はっ ぱはっ ぱ（パン パン パン）　はっ ぱはっ ぱ（パン パン パン）　はっ ぱはっ ぱ（パン パン パン）　はっ ぱはっ ぱ（パン パン パン）
はっ ぱはっ ぱ（フミ フミ フミ）　はっ ぱはっ ぱ（フミ フミ フミ）　はっ ぱはっ ぱ（フミ フミ フミ）　はっ ぱはっ ぱ（フミ フミ フミ）

すごい！ すごい！！

ジャンプが上手な生き物になりきりながら、楽しく体を動かしましょう。
屈伸をしたり、体を伸ばしたりと簡単な体操の要素も入っています。

普段のあそびに
体操の時間に
運動会に
発表会に
子育て支援に
親子あそびに

1番　♪ネコのジャンプはね　　♪たかくて すごいすごい　　♪ジャンプ ジャンプ ジャンプ ジャンプ

1 横を向き、両手を軽く握って、ネコのまねをしながら両手を動かす。片足を腕の動きに合わせて後ろに上げる。ネコのまねをするだけでもOK。

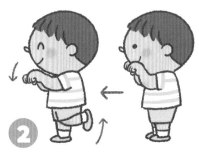

2 反対向きになり、①と同様に行う。

3 ネコの手をしたまま、ジャンプする。

♪ニャンプ ニャンプ　　♪やっぱりネコは　　♪すごい

4 ネコのまねをしながら、横へジャンプ、反対へジャンプ。

5 正面を向いてネコの手をしたまま、屈伸する。

6 自分の頭をなでる。

2番　♪おサルのジャンプはね　　♪よこむきで すごいすごい

1 頭、あごに手を持っていき、指をモジャモジャと動かし、体を横に傾ける。

2 手を左右入れ替え、①と同様に動かし、体を反対側に傾ける。

♪ジャンプ ジャンプ
ジャンプ ジャンプ

③ 手はそのままでジャンプする。

♪ウキーップ ウキーップ

④ 手はそのままで横へジャンプ、
反対側にジャンプする。

♪やっぱりサルは

⑤ 手はそのままで屈伸する。

♪すごい

⑥ 1番の⑥と同様。

3番 ♪スズメのジャンプはね

① 横を向き、歩きながら両手を羽に見立ててスズメのようにパタパタさせる。

♪はやくて すごいすごい

② 反対を向き、①と同様に動く。

♪ジャンプ ジャンプ
ジャンプ ジャンプ

③ 手をパタパタしながらジャンプする。

♪チューンプ チューンプ

④ 小刻みに速く手を動かしてジャンプする。

♪やっぱりスズメ

⑤ 片手をくちばし、もう一方の手をしっぽに見立てて、屈伸する。

♪すごい

⑥ 1番の⑥と同様。

すごい！ すごい!!

作詞・作曲／福田りゅうぞう

1.ネーコの
2.おサルの｝ジャンプはね
3.スズメの

たかくて
よこむきで｝すごいすごーい　ジャンプ ジャンプ ジャンプ ジャンプ
はやくて

ニャンプニャンプ やっぱりネコはす ごい
ウキーップウキーップ やっぱりサルはす ごい
チューンプチューンプ やっぱりスズメす ごい

たんぽぽポッポッポッ

タンポポになったつもりで、手や足を動かしながら、
全身で表現あそびを楽しみましょう。

普段のあそびに
体操の時間に
運動会に
発表会に
子育て支援に
親子あそびに

1番

♪たんぽぽ たんぽぽ ポッポッポッ（×2）

1 両手を腰に当てて、屈伸する。「♪ポッポッポッ」でジャンプ。これを繰り返す。

♪よいしょと

2 しゃがむ。

♪せのび

3 立ち上がり、両手を頭の上にあげて背伸びする。

♪おとなりさんとせくらべ

4 ②③を繰り返す。

♪よるはゆっくりねむるのよ

5 しゃがんで眠るポーズ。

2番 ※①は1番と同様。

♪かぜがふいても〜へこたれない

2〜4 両腕を左右に大きく揺らして体をひねる。

♪わたしのねっこはつよいのよ

5 両手でガッツポーズをしながら、足踏みをする。

3番 ※①は1番と同様。

♪ふんわりくもに〜なったみたい

2〜4 両手を上げて丸を作り、左右に揺れる。

♪かぜといっしょに

5 両手を広げて、キラキラと動かす。

♪たびにでよう

6 両手を横に広げて、その場で1回転する。

★ ★ ★ ★ ★ ★ ★ ★ たんぽぽポッポッポッ ★ ★ ★ ★ ★ ★ ★ ★

作詞・作曲／福田 翔

クワックワッダンス

にぎやかでかわいいダンスなので、運動会にもぴったり。
かわいいアヒルになって踊りましょう。

CDNo.24

案●入江浩子

普段のあそびに
体操の時間に
運動会に
発表会に
子育て支援に
親子あそびに

1番

♪かわいい あひるが おりました

1 頬の横で片手ずつパーにする。

♪きょうも クワックワッ おどってる

2 ①のポーズのまま左右に振る。

♪ルルルンララランたのしそうみんなもいっしょにおどっちゃおう

3 ①②と同様。

間奏

4 片手を順番におしりに当て、アヒルのまねをする。

♪クワックワッ〜クワックワッ（クワ）（×2）

5 ④の手のまま、おしりを振って、「（クワ）」でジャンプ。これを繰り返す。

2番 ※①〜③は1番と同様。

間奏

4 手をおなかの前に順番に持ってきて、握る。

♪クワックワッ〜クワックワッ（クワ）（×2）

5 2番の④の手のまま、屈伸をしながら左右に揺れて、「（クワ）」でジャンプ。これを繰り返す。

3番 ※①〜③は1番と同様。

間奏

4 1番の④と同様。

5 ④の手のまま、上下に動かしながら歩き、「（クワ）」でジャンプ。これを繰り返す。

♪クワックワッ〜クワックワッ（クワ）（×4）

間奏（クワー）

6 1番の④の後、「（クワー）」でジャンプ。

★★★★★★★★★ クワックワッダンス ★★★★★★★★★★★★★

作詞・作曲／入江浩子

かっぱっぱ音頭

子どもたちも大好きな、音頭のリズムが愉快なダンスです。
かっぱになりきって、かっぱワールドを作りましょう!

普段のあそびに
体操の時間に
運動会に
発表会に
子育て支援に
親子あそびに

1番

♪かっぱ

① 片方の手を開いて顔の横に出す。

♪かっぱかぱっか

② もう一方の手も開いて顔の横に出す。

♪かっぱっぱ(それ)

③ 両手を左右に揺らす。

♪かっぱ〜 かっぱっぱ (あよいしょ)

④ ①〜③を繰り返す。

♪かわからでてきた かっぱです

⑤ 「いない いない ばあ」を2回繰り返す。

♪チャームポイント おさらです

⑥ 片手で頭を押さえて、屈伸する。

♪およぐのだいすき かっぱっぱっ

⑦ 平泳ぎのように、両手で水をかくまねをしながら屈伸を繰り返す。

♪みんなでいっしょに スイスイスイ (はい)

⑧ 両手を上げ、左右に揺らしながら、その場で1回転する。

♪スイスイスイスイ〜 スイスイ

⑨ 平泳ぎのように、両手で水をかくまねをしながら前に進む。

♪きもちいいいな

⑩ 両手を軽く握って、体の前に持ってきてぎゅっと小さくなり、体を震わせる。

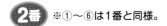

♪きゅうりが

⑦ 片手を腰に当て、もう片方の
手を上にあげる。

♪だいすき

もう片方の手も上にあげて、
頭の上で合わせる。

♪かっぱっぱっ

両手を合わせたまま、
左右に揺れる。

♪みんなでいっしょに
カリッポリ（はい）

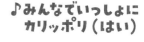

⑧ 1番の⑧と同様。

♪カリポリカリポリ〜
カリポリ

⑨ 食べているように両手を上下に
動かしながら、屈伸をする。

♪うれしいいいな

⑩ 1番の⑩と同様。

振りを変えて

♪かっ　　♪ぱ

1番の①〜③の振りは、「♪かっ」で頭の上で両手を合わせ、「♪ぱ」
で膝を曲げながら手を離す動作を繰り返してもいいですね。

★★★★★★★★★★★★★★★★★ **かっぱっぱ音頭** ★★★★★★★★★★★★★★★★★

作詞／川崎ちさと　作曲／入江浩子

かっ ぱ かっ ぱ か ぱっ か かっ ぱっ ぱ （それ） かっ ぱ かっ ぱ か ぱっ か かっ ぱっ ぱ （あよいしょ）

か わか らで てき た かっ ぱ です　　チャー ム ポイン ト お さら です

1. およぐのだいすきかっぱっぱっ みんなでいっしょに スイ ス イ スイ （はい） スイ ス イ ス イ
2. きゅう り が だいすき かっ ぱっ ぱっ みん な でいっ しょに カ リッ ポリ カ リポ リカ リ ポリ

ス イ スイ （それ） ス イ ス イ ス イ　きも ち いい いい な　　ー
カ リッ ポリ　　カ リポ リカ リポリ　う れし いい い な　　ー

う〜！ マンゴー！

1〜2歳児

CDNo.26

案●ジャイアンとぱぱ

南国のフルーツ、マンゴーになったつもりで、エネルギッシュにノリノリで踊りましょう。
マンゴーのかぶり物を身に着けたり、オレンジや黄色、
赤のポンポンを持って踊ってもかわいいですね。

普段のあそびに
体操の時間に
運動会に
発表会に
子育て支援に
親子あそびに

前奏・間奏・後奏

両手を軽く握るか、ポンポンを両手に
持って、前後に振りながらリズムを取る。

1番 ♪なんごく　♪うまれの　♪にくいやつ

① しゃがむ。　　ジャンプする。

② ①と同様。

♪たいよう　あびて

③ 両手を頭の上にあげ、手を広
げて左右に振る。

♪キラキラかがやく

④ 頭の上にあげた両手を、きらきら
させながら、顔の横に下ろす。

♪オレンジ　♪あかいろ

⑤ 片手を反対の肩に
当てる。　　もう片方の手を反対
の肩に当てる。

♪てれやさん

⑥ 両手で顔を隠す。

♪びっくりするほど

⑦ 手を斜め下に広げて、
その場で1回転する。

♪みんなも　えがお

⑧ 両手を腰に当て、片足ずつ前に出す。

♪マジカル ミラクル

⑨ 両手を握って、横に円を描く
ように動かす。

♪トロピカル

⑩ 反対に円を描くように動かす。

♪かんじゅく

⑪ かいぐりをする。

「う～！」

⑫ 両手を握ってあごの下へ持って
いくと同時に、片足を上げる。

♪マンゴー

⑬ 両手を腰に当て、おしりを左右に振る。

「う～！」

⑭ ⑫と同様。

「マンゴー！」

⑮ 片方の手を上に突き上げる。

2番 ※1番と同様に踊る。

ポンポンを持っても

2歳児なら、すずらんテープで作った
ポンポンを両手に持ち、色画用紙のマン
ゴーを帽子に付けて踊っても、かわ
いいでしょう。

★ ★ ★ ★ ★ ★ ★ ★ ★ ★ ★ ★ ★ ★ ★ う～！ マンゴー！ ★ ★ ★ ★ ★ ★ ★ ★ ★ ★ ★ ★ ★ ★ ★

作詞・作曲／ジャイアンとばば

※楽譜は、読みやすくするために音源とは調を変えています。

みずたまりサイコー

普段のあそびに
体操の時間に
運動会に
発表会に
子育て支援に
親子あそびに

水たまりを見つけると、中に入って、思わず「バシャン！」としたくなる子どもたち。そんな気持ちをダンスにしてみました。
しっかりジャンプできなくても大丈夫。リズムに乗って体を動かすだけでも楽しめます。

1番

（ヘイ　ヘイ）

♪うー　ヘイ

（ヘイ　ヘイ）
♪うー　ヘイ

1 両手をグーにして縮こまり、「（ヘイ）」で両手をパーにして立ち上がる。（2回）

2 リズムに合わせて少しずつしゃがみ、「♪ヘイ」で両手をパーにして立ち上がる。

3 ①②を繰り返す。

♪あめがやんだ　ヤッホッホイ
ヤッホッホイのホイ

4 左右に揺れながら、拍手する動作を繰り返す。

♪みずたまり　ミッケッケ
ミッケッケッのケ

5 指さして、みずたまりを見つけたポーズをする。

♪あっちにこっちに　いっぱいだ
ヤッタッタのタ

6 両手でガッツポーズをしながら、左右に揺れる。

♪なんだか　からだも
うごいちゃう
ランランリーリールー

7 両手でガッツポーズをしながら、その場で1回転する。

間奏

8 音に合わせて、両手で丸を作り、みずたまりに見立てる。

♪バシャバシャ バシャバシャ バシャッシャーン 〜みずたまり
⑨ みずたまりの上で跳びはねるように、たくさんジャンプする。

♪サイコー
⑩ 片手を突き上げて、ジャンプする。

2番 ♪みずたまり ヤッホッホイ ヤッホッホイのホイ
④ 1番の④と同様。

♪びちょびちょだって へっちゃらさ チャチャチャのチャ
⑤ 両手を両膝に置いて、しこを踏む。

♪まだまだいっぱい あそびたい ウッヒョヒョのヒョ
⑥ 1番の⑥と同様。

♪たのしくって わらっちゃう ウッヒャヒャのヒャ
⑦ 左右に揺れながら、両手でおなかをたたく。

間奏
⑧ 1番の⑧と同様。

♪バシャバシャ バシャバシャ バシャッシャーン 〜みずたまり
⑨ 1番の⑨と同様。

♪サイコー
⑩ 1番の⑩と同様。

「もういっかい」〜♪サイコー
⑪ かけ声の後、1番の⑨⑩を繰り返す。

みずたまりサイコー

作詞・作曲／すえっこ

55

からだポカポカ体操

普段のあそびに
体操の時間に
運動会に
発表会に
子育て支援に
親子あそびに

体の部位の名前を覚えてきた子どもたち。
歌詞に合わせて、体のいろいろな所を触ってあそんでみましょう。
寒い冬に負けないように、元気に体を動かせるあそび歌です。

前奏・間奏・後奏

両手を腰に当て、リズムに合わせて
膝を軽く曲げ伸ばしする。

1番 ♪ブルブル

1
両手を握って胸元に上げ、
体ごと横に振る。

♪さむい

2
反対側へ振る。

♪ひでも

3
①②と同様。

♪げんき

4
グーにした両腕を曲げて、
左右に広げ、膝を曲げる。

♪いっぱい

5
両腕は曲げたまま立つ。

♪イエイ イエイ

6
④と同様。

♪イエイ！

7
⑤と同様。

♪じぶん

8
しゃがむ。

♪の

9
両手を広げて上にあげ、ジャンプする。

♪からだ

10
⑧と同様。

♪を

11
⑨と同様。

♪ポカポカ させよう

12
足踏みしながら、一回りする。

「あたま ポカ!」

⑬ 「ポカ!」で、グーにした
両手で頭を触る。

「かた ポカ!」

⑭ 「ポカ!」で、両腕をクロスさせて、
グーにした両手で肩を触る。

「おなか ポカ!」

⑮ 「ポカ!」で、グーにした両手で
おなかを触る。

「おしり ポカ!」

⑯ 「ポカ!」で、グーにした両手で
おしりを触る。

「あし ポカ!」

⑰ 「ポカ!」で、グーにした
両手で足を触る。

♪ほらほら ポカポカ
なってきたね

⑱ 両手を広げて上にあげ、
左右に振る。

♪でも そういう
いみじゃない

⑲ 上にあげた両手を円を
描くように大きく回す。

「ポカ!」

⑳ グーにした両手で頭を触る。

2番 ※1番と同様に踊る。

★ ★ ★ ★ ★ ★ ★ ★ ★ ★ ★ ★ ★ ★ ★ ★ からだポカポカ体操 ★ ★ ★ ★ ★ ★ ★ ★ ★ ★ ★ ★ ★ ★ ★ ★

作詞・作曲／福田 翔

1.ブルブルさむーい ひ でー もー　げんき いっぱい イエイ イエイ イエイ!　1.2.じぶんの ー か
2.ビュービューかぜーが ふく ひ もー　そと で あそぼう イエイ イエイ イエイ!

らだー を ー ポカ ポカ させよう ー　「あた ま ポカ!」「か た ポカ!」「おな か ポカ!」「おし り ポカ!」「あ し　ポカ!」

ほ らー ほ らー ポカ ポカー なってきたね ー　でも そういうい みじゃな い 「ポカ!」

こうしんこうしん1・2・3

カエル、ペンギン、ウマになりきった動きを楽しみましょう。
子どもが好きな動きをしてもいいですね。

普段のあそびに
体操の時間に
運動会に
発表会に
子育て支援に
親子あそびに

前奏・間奏 元気に手を振って、その場で足踏みをする。

1番

「まずは かえるちゃんの
入場です」
♪ぴょんぴょん
ジャンプで～
ケロッとえがおで
ハイジャンプ

1 カエルになったつもりでしゃがむ。ジャンプして進んでもよい。

「ぴょ～ん」

2 笑顔で思いきりジャンプする。

（いっちに
いっちに
いっちにさん）

3 前奏・間奏と同様。

2番

「次は ペンギンさんの
入場です」
♪ペタペタあるくよ～
ペタッとえがおで
ハイジャンプ

1 両手をペンギンの羽に見立て、体を左右に揺らしながらペンギン歩きをする。

「ぺん
ぺ～ん」

2 両手をパタパタと動かしてジャンプする。

（いっちに
いっちに
いっちにさん）

3 前奏・間奏と同様。

3番

「続きまして こうまさんの
入場です」
♪パカパカすすむよ～
ヒヒーンとえがおで
ハイジャンプ

1 「はいはい」で進む。

「ヒヒーン」

2 大きくジャンプする。

（いっちに
いっちに
いっちにさん）

3 前奏・間奏と同様。

4番

「最後は 元気なお友達の
入場です」
♪こうしんこうしん～
キラキラえがおで
ハイポーズ

1 前奏・間奏と同様。

「イエーイ」

2 ピースをする。または、好きなポーズをする。

（いっちに
いっちに
いっちにさん）

(×2)

3 前奏・間奏と同様。

親子あそびに

親と子がペアになって一緒の動きを楽しみます。運動会では、輪になって歩いたり、その場で足踏みしたりして行ってもいいでしょう。

前奏・間奏

親子で一緒に手をつなぎ、元気に手を振り、その場で足踏みをする。

1番 かえる

親子で一緒にしゃがんでカエルになり、「ぴょ〜ん」で、子どもをだっこして「たかい たかい」をする。

2番 ペンギン

大人の足の上に、子どもが同じ向きで乗って、ペンギン歩きをする。

3番 こうま

親子で一緒に「はいはい」をする。または、親がウマになり、子どもが背中に乗る。

4番 お友達

前奏・間奏と同様。

こうしんこうしん1・2・3

作詞・作曲／ジャイアンとぱぱ

ねこにゃん体操

1〜2歳児

CD No.30

案●ジャイアンとばば

ネコの動きを思わせる、かわいいしぐさがポイント。
のんびり、ゆったりと、子どもたちの気持ちがほぐれる体操あそびです。

- 普段のあそびに
- 体操の時間に
- 運動会に
- 発表会に
- 子育て支援に
- 親子あそびに

前奏・間奏

両手を腰に当て、リズムに合わせてうなずきながら、膝を軽く屈伸させる。

または、ネコのポーズでリズムに合わせて左右に揺れる。

1番 ♪にゃんにゃん ねこにゃん

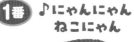

1 ネコのポーズで膝を軽く屈伸させながら、手招きをする。

♪ねこ にゃんにゃん

2 左右の手を入れ替えて、①と同様に動く。

♪ねこにゃん たいそう

3 ①②を繰り返す。

♪にゃーお

4 膝を軽く曲げて、手招きのポーズで、首を横に傾ける。

♪おはよう あさだ まずは のび

5 前奏・間奏と同様。

♪にゃにゃ にゃにゃ 〜きもちいい

6 両手を握って上にあげ、伸びをする。

♪にゃん「にゃん」

7 ④と同様。

2番 ※①〜④は1番と同様。

♪きまぐれ おさんぽ どこにいこう

5 前奏・間奏と同様。

♪てくてく てくてく たのしい

6 その場で両手をしっかり振って、元気よく楽しそうに歩く。

♪にゃん「にゃん」

7 1番の④と同様。

3番 ※①〜④は1番と同様。

♪なにか いいもの ないのかにゃ

5 前奏・間奏と同様。

♪きょろきょろ きょろきょろ さがそう

6 片手は腰に当てたまま、もう片方の手を額に当てて、左右に体をねじる。

♪にゃん「にゃん」

7 1番の④と同様。

④番 ※①〜④は1番と同様。

♪ねずみを みつけた おいかけろ

5 前奏・間奏と同様。

「まてまて」

6 その場で走る。

「ぴょん!」

7 ジャンプする。

「まてまて ぴょん!」

8 4番の⑥⑦を繰り返す。

♪にげられた

9 残念そうにしゃがむ。

♪にゃん「にゃん」

10 しゃがんだまま、手招きポーズをして、首を横に傾ける。

---

⑤番 ※①〜④は1番と同様。

♪おやすみ ねこにゃん おおあくび

5 前奏・間奏と同様。

♪にゃーお にゃーお

6 両手を広げては下におろして、深呼吸をする。

♪いいゆめみる にゃん「にゃん」

7 両手を合わせて頬に当て、お休みポーズ。

♪にゃんにゃん〜 にゃーお

8 1番の①〜④を繰り返す。

☆ ★ ☆ ★ ☆ ★ ☆ ★ ☆ ★ ☆ ★ ☆ ねこにゃん体操 ☆ ★ ☆ ★ ☆ ★ ☆ ★ ☆ ★ ☆ ★ ☆

作詞・作曲／ジャイアンとばば

1.〜5.にゃん にゃん ねこ にゃん ねこ にゃん にゃん　ねこ にゃん たい そう にゃーお
1.おはよう あさ だ まず はの び　にゃ にゃ にゃ にゃ にゃ にゃ にゃ にゃー
2.きまぐれ おさんぽ どこ に いこう　きょ きょろ きょろ きょろ
3.なーに かいい もの ない のか にゃ
4.ねずみを みつ けた おいかけ ろ
5.おやすみ ねこ にゃん おお あく び

きもち いい にゃん 「にゃん」　「まて まて ぴょん!」　「まて まて ぴょん!」　にげ られ た にゃん 「にゃん」
たの しい にゃん 「にゃん」
さが そう にゃん 「にゃん」

にゃー お にゃー お いい ゆめ みる にゃん 「にゃん」 にゃん にゃん ねこ にゃん ねこ にゃん にゃん　ねこ にゃん たい そう にゃーお

61

たてちゃうぞブー

普段のあそびに
体操の時間に
運動会に
発表会に
子育て支援に
親子あそびに

「三びきのこぶた」のわらの家、木の家、レンガの家を建てるシーンを
モチーフにしたあそび歌です。
あそびながら、いろいろな家を建てましょう。好きな家を選んで建ててもOKです。

1番 ♪さんびきこぶた
いえたてる
いえたてる
いえたてる
さんびきこぶた
いえたてる
たてちゃうぞ

「ブー」

1 両手で頭の上に三角形を作りながら、左右に揺れる。

2 片手を腰に当て、もう片方の手の人さし指を鼻の先に当て、ブタの鼻を作る。

♪いちばんこぶた
わらのいえ
わらのいえ
わらのいえ
いちばんこぶた
わらのいえ
たてちゃうぞ「ブー」

「わんさか」

「さっさっさ」

「ブー」

3 ①②を繰り返す。

4 両手を下におろし、わらをすくうまねをする。

5 両手を上にあげて、放り投げるまねをする。

6 ②と同様。

「わんさか さっさっさ ブー」（×2）

「わんさか さっさっさ」

7 ④⑤⑥を2回繰り返す。

8 ④⑤と同様。

「できた」 「フゥー」 ♪できちゃった そら〜ぶったかたった できちゃった

9 両手を上にあげる。

10 片手を腰に当て、もう片方の手で汗を
ぬぐうしぐさをする。

11 両手を上にあげ、ぴょんぴょん跳びはねて喜ぶ。子どもたちが自由に
いろいろなポーズで、家ができた喜びを表現すればOK。

※2番と3番の④⑤は下の動作に変えて踊る。それ以外は1番と同様。

2番 「とんたか たったった」

両手を交互に振り下ろし、トントンと
たたくまねをする。

3番 「ぬりぬり おっこいしょ」

片手を左右にゆっくりと動かす。

発表会では

子どもたちは、自分が建てたい家を好
きに選び、3チームに分かれてあそん
でもいいでしょう。こぶたのお面を着
けてもかわいいですね。

☆☆☆☆☆☆☆☆☆☆☆☆☆☆ たてちゃうぞブー ☆〜☆☆☆☆☆☆☆☆☆☆☆☆

作詞・作曲／すかんぽ

1.さんびきこぶた いえたてる いえたてる いえたてる さんびきこぶた いえたてる たてちゃう ぞ「ブー」

1.いちばんこぶた わらのいえ わらのいえ わらのいえ いちばんこぶた わらのいえ たてちゃう ぞ「ブー」
2.にーばんこぶた きーのいえ きーのいえ きーのいえ にーばんこぶた きーのいえ たてちゃう ぞ「ブー」
3.さんばんこぶた レンガのいえ レンガのいえ レンガのいえ さんばんこぶた レンガのいえ たてちゃう ぞ「ブー」

「わんさかさっさっ さ ブー」「わんさかさっさっ さ ブー」「わんさかさっさっ さ ブー」「わんさかさっさっ さできた フゥー」 ―
「とんたかたったっ た ブー」「とんたかたったっ た ブー」「とんたかたったっ た ブー」「とんたかたったっ たできた フゥー」 ―
「ぬりぬりおっこい しょ ブー」「ぬりぬりおっこい しょ ブー」「ぬりぬりおっこい しょ ブー」「ぬりぬりおっこい しょできた フゥー」 ―

できちゃった そら できちゃった ぶったかたった できちゃった できちゃった そら できちゃった ぶったかたった できちゃった

パンパン体操

パンパンと手をたたきながら、
いろいろな種類のパンになって動きを楽しみましょう。
大きく動けば動くほど、体がポカポカしてきます。

普段のあそびに
体操の時間に
運動会に
発表会に
子育て支援に
親子あそびに

1番 ♪パンパンパン パンパンパン

① 手をたたく。

♪まんまるパン

② 両手で大きな丸を作る。

♪ころころ ころころ ころがるよ

③ 両手はそのままで左右に揺れながら、その場で足踏みをする。

♪パンパンパン パンパンパン

④ ①と同様。

♪ねじりパン

⑤ 両手を体に巻きつける。

「ぎゅー」　「ぎゅー」

⑥ 体を左右どちらかにねじる。　体を反対側にねじる。

♪ねじれちゃう

⑦ ⑥と同様。

♪パンパン

⑧ 手をたたく。

♪たいそう

⑨ ガッツポーズをして両足を曲げる。

♪パンパンたいそう

⑩ ⑧⑨と同様。

♪たべたら からだが はじけちゃう

⑪ パンを食べるしぐさをしながら、しゃがんで小さくなる。

「パーン！」

⑫ 両手を上げて、ジャンプする。

2番

※①と④、⑧〜⑫は1番と同様。

♪うずまきパン

2 両手の人さし指で円を描く。難しければ、グーにした両手を回す。

♪くるくる くるくる めがまわる

3 その場で一回りする。

♪ながいパン

5 両手を上げてくっつける。ただ上にあげるだけでもOK。

「ぐーん」　「ぐーん」

6 両手を上げてくっつけたまま、斜め上へ体を伸ばす。　反対側も同様に。

♪せが のびる

7 2番の⑥と同様。

♪たべたら おなかが ポンポコリン

13 立ったままパンを食べるしぐさをする。

「ポーン！」

14 両手でおなかをたたく。

♪たべたら〜 たべたら

15 口にパンを入れる動きを繰り返す。

「あ〜もう おなか いっぱい」

16 片手でおなかをたたく。

♪ごちそうさま

17 両手を合わせる。

パンパン体操

作詞・作曲／髙嶋 愛

1.パンパンパンパンパンパン まんまるパン ころころころころ ころがるよ パンパンパンパンパンパン ねじりパン 「ぎゅー ぎゅー」 ねじれちゃう
2.パンパンパンパンパンパン うずまきパン くるくるくるくる めがまわる パンパンパンパンパンパン ながいパン 「ぐーん ぐーん」 せがのびる

1.2.パン パン たいそう パン パン たいそう たべたらからだが はじけちゃう「パーン！」　たべたらおなかが ポンポコリン「ポーン！」

たべたら たべたら たべたら たべたら たべたら たべたら — 「あ〜もう おなかいっぱい」 ご ち そ う さま

タラッタラッタン

振り付けどおりに踊るというよりは、
歌に合わせて、みんなで一緒にポーズを取ったり、
歌詞やリズムに合わせて、全身を使って表現することを楽しみましょう。

普段のあそびに
体操の時間に
運動会に
発表会に
子育て支援に
親子あそびに

前奏

リズムに合わせて手をたたきながら、その場で足踏みをする。

1番 ♪タラッタ ラッタン

① かいぐりをする。

♪タッタン

② リズムに合わせて手をたたく。

♪タラッタ ラッタン

③ ゆっくり回転して横を向きながら、①と同様にかいぐりをする。

※③〜⑩で1回転するが、難しければ①②の動きを繰り返すのでもOK。

♪タッタン

④ ②と同様。

♪タラッタ ラッタン

⑤ かいぐりをしながら、ゆっくり後ろを向く。

♪タッタン

⑥ ②と同様。

♪オー

⑦ 力をためる感じで両脇を締めて少しかがむ。

♪ハイハイ

⑧ 軽く2回ジャンプしながら、左右交互に手を上げる。

♪タラッタ〜 タッタン

⑨ ⑤⑥と同様に動いて横を向く。

♪タラッタ ラッタン

⑩ かいぐりをしながら、ゆっくり正面に戻る。

♪タッタン

⑪ ②と同様。

♪タラッタ〜 タッタン

⑫ ①②と同様。

♪オー

⑬ ⑦と同様。

♪ハイハイ ハーイ

⑭ ⑧と同様の動きで3回ジャンプする。

♪そとは つめたい かぜが ふく

⑮ 軽く屈伸しながら、両手を波のようにくねくねと動かす。

♪こんなときこそ

⑯ 両手を反対側に伸ばして、⑮と同様に動かす。

66

2番 ※①～⑭、⑰は、1番と同様。

♪オー ハイハイ
⑰ ⑦⑧と同様。

♪みんなで
いっしょに～
オー ハイハイ
ハーイ
⑱ ⑮⑯と同様に動いた後、⑬⑭と同様。

♪たのしいうたが
ながれだす

⑮ 片手を斜め上にあげて、マイクを持って歌っているポーズをしながら、その場で足踏みをする。

♪こんなときこそ

⑯ 左右の手を入れ替えて、2番の⑮と同様に。

♪みんなで いっしょに
～オー ハイハイ ハーイ
⑱ 2番の⑮⑯と同様に動いた後、1番の⑬⑭と同様。

♪タラッタ ラッタン
～オー ハイハイ ハーイ
⑲ 1番の①～⑭と同様。

♪ピピッピ ポッピ～
ピポ

⑳ ひよこさんポーズで歩き回る。

♪オー ハイハイ
㉑ 1番の⑦⑧と同様。

♪ピピッピ
ポッピ～
オー ハイハイ
㉒ ⑳㉑と同様。

♪ペロント トントン～
トントン

㉓ 両手を広げて、くねくねしながらゆっくりと歩き回る。

♪オー ハイハイ
㉔ 1番の⑦⑧と同様。

♪ペロント トントン～
オー ハイハイ ハーイ
㉕ 2番の㉓と同様に動いた後、1番の⑬⑭と同様。

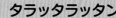

タラッタラッタン

作詞・作曲／こばやしゆうすけ

1.2.タラッタ ラッタンタッタン タラッタ ラッタンタッタン タラッタ ラッタンタッタン オー ハイ ハイ タラッタ ラッタンタッタン タラッタ ラッタンタッタン

オー ハイ ハイ ハーイ

1. そとはつめたい かぜがふく
2. たのしいうたがー ながれだす

こんな ときこそ オー ハイ ハイ みんなで いっしょに おどりましょ

みんな でいっしょに オー ハイ ハイ ハーイ タラッタ ラッタンタッタン タラッタ ラッタンタッタン タラッタ ラッタン タッタン オー ハイ ハイ

タラッタラッタンタッタン タラッタ ラッタンタッタン タラッタ ラッタンタッタン オー ハイ ハイ ハーイ

ピピッピポッピ ピポ ピピッピ ポッピ ピポ
ペロント トントントントン ペロント トントントントン

ピピッピ ポッピ ピポ オー ハイ ハイ ピピッピ ポッピ ピポ ピピッピ ポッピ ピポ オー ハイ ハイ ハーイ
ペロント トン トントントン オー ハイ ハイ ペロント トントントントン ペロント トン トントントン オー ハイ ハイ

にっぽんいちのきびだん GO! GO!

「ももたろう」のきびだんごをテーマにしたあそび歌。
「にっぽんいちのきびだんご」を食べたら、いったいどのくらい元気になるんだろう？
そんな思いを表現しました。

普段のあそびに
体操の時間に
運動会に
発表会に
子育て支援に
親子あそびに

前奏

両手を元気に振って、その
場で足踏みをする。

1〜3番共通

♪やさしく つよい ももたろう

1

両手を胸の前でクロスして
肩に当て、左右に揺れる。

♪もりもり ちからの みなもとは

2

握った両手を、力こぶポーズで
上下させる。

♪にっぽんいちの

3

片手を腰に当てて、もう片方の
手の人さし指を前に出す。

♪きびだんGO!

4

前に出した手を引っ込めて握り、
「♪GO!」で上に突きあげる。

1番 ### ♪いぬが パクッと たべたなら

5

手を左右交互に口元に持って
いく。

♪ワンワン おもわず はしりだす

6

イヌが走っているまねをしなが
ら、左右に揺れる。

「GO! GO! GO!」

7

片手を腰に当て、もう片方の手を
上に突きあげる。

♪はしって GO!〜 「きびだんGO!」

8

握った両手を上下に動かしながら、
自由に歩き回る。

♪にっぽんいちの きびだんGO!

9

③④と同様。

「GO! GO! GO! GO!」

10

左右交互に、握った手を突きあげる。

2番 ※⑤と⑦は1番と同様。

♪キャッキャッ
おもわず
とびあがる

6

サルポーズをしながら左右に
揺れる。

♪ジャンプで
GO！〜
「きびだんGO！」

8

サルのポーズをしながら、
自由にジャンプする。

♪にっぽんいちの〜
「GO！ GO！
GO！ GO！」

9 10

1番の⑨⑩と同様。

3番 ※⑤と⑦は1番と同様。

♪ケーンと
おもわず
ちゅうがえり

6

両手を鳥の羽のように
左右に広げて、大きく
一回りする。

♪まわって
GO！〜
「きびだんGO！」

8

自由に飛び回る。

♪にっぽんいちの〜
「GO！ GO！
GO！ GO！」

9 10

1番の⑨⑩と同様。

発表会では

● 「GO！ GO！ GO！」という声が「ももたろう」らしく、元気
いっぱいな姿を表現しているあそび歌です。子どもたちが元気
にかけ声をあげるだけで、保護者の方々に、頼もしく成長した
子どもたちの姿を感じてもらえます。
● 子どもたち全員がモモのマークが付いたお面を着けて、ももた
ろうになってもいいですし、いぬ、さる、きじのお面の中から、
好きな物を選んで着けてもいいでしょう。
● 2歳児なら、ちょっとした高さからジャンプすることができるの
で、低いステージならステージの下にマットを敷いたり、低い台
を利用したりして、そこからジャンプすると、最後の見せ場とし
て盛り上がるでしょう。

★ ★ ★ にっぽんいちのきびだん GO! GO! ★ ★ ★

作詞・作曲／ジャイアンとぱぱ

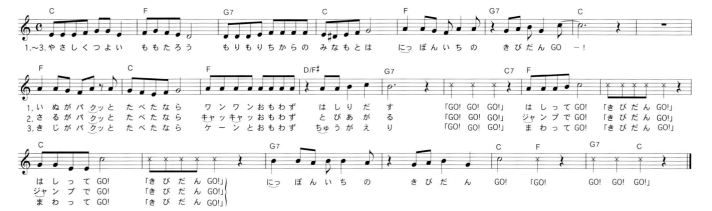

※楽譜は、読みやすくするために音源とは調を変えています。

すってんとん

1〜2歳児

CDNo.35

案●すかんぼ

「おむすびころりん」のおにぎりが転がって、
穴に落ちるシーンを楽しいあそび歌にしました。
どんどん転がるおにぎりを「まてまて」と追いかけて、最後は、穴の中へ「すってんとん」。

普段のあそびに
体操の時間に
運動会に
発表会に
子育て支援に
親子あそびに

♪おにぎり にげた　♪おにぎり にげた

① 1

体の正面で三角おにぎりを作り、「♪にげた」で横に
動かす。同様にして「♪にげた」で反対側に動かす。

♪たべようと したら

② 2

三角おにぎりを、口元に持っていく。

♪にげだした 「すってんころりん」

③ 3

両手を広げて上にあげる。

♪コロコロコロコロ 「まてまてまてまて」（×3）

④ 4

「♪コロコロコロコロ」でその場で足踏みしながら、かいぐりをす
る。「まてまてまてまて」で両手を広げて前に出し、その場で駆
け足をする。これを3回繰り返す。

♪あなに おちた

⑤ 5

両手で頭の上に大きな円を作る。

「すってんとん」

⑥ 6

両手を上にあげ、しゃがむ。

★ ★ ★ ★ ★ ★ ★ ★ ★ ★ ★ ★ ★ ★ ★ **すってんとん** ★ ★ ★ ★ ★ ★ ★ ★ ★ ★ ★ ★ ★ ★ ★

作詞・作曲／すかんぼ

70

1〜2歳児

あそびまショー

朝や帰りの時間など、友達同士の挨拶にぴったり。
元気いっぱい歌って踊れば、ますます仲良しに！

CDNo.36

案●小沢かづと

普段のあそびに
体操の時間に
運動会に
発表会に
子育て支援に
親子あそびに

1番　♪おはよう

① お辞儀をする。

♪あそびまショー

② 片手を横に出してバイバイ。

♪おどりまショー

③ 反対側の手を出し、②と同様に。

♪らたた らたた
らたたのた

④ 自由に踊る。

（へいっ！）

⑤ 両手を上にあげる。

2番　※④以外、1番と同様。

♪パパパン パパパン
パパパのパン

④ その場で駆け足をしながら、
頭の上で手拍子。

3番　※④以外、1番と同様。

♪あはは あはは
あははのは

④ 隣の子とくすぐり合う。

★ ★ ★ ★ ★ ★ ★ ★ ★ ★ ★ ★ ★ ★ ★ **あそびまショー** ★ ★ ★ ★ ★ ★ ★ ★ ★ ★ ★ ★ ★ ★ ★

作詞・作曲／小沢かづと

1. お は よう　あそびまショー　おどりまショー　らたた　らたた　らたたのた　へいっ！
2. こん にち は　　　　　　　　はしゃぎまショー　パ パパン　パ パパン　パ パパ のパン　へいっ！
3. また あし た　　　　　　　　わらいまショー　あはは　あはは　あははのは　へいっ！

ポンポン★ポップコーン

フライパンの中ではじけてできるポップコーン！
高くジャンプしてポップ。みんなでコーンになりきってみましょう。

普段のあそびに
体操の時間に
運動会に
発表会に
子育て支援に
親子あそびに

♪ポポポポポーポップコーンを

1 頭の上で丸を作り、片足を交互に斜め前に出す。

♪つくろう

2 手を上げたまま、1周する。

♪はじけてできるよ　ポンポンポーン
　～ポンポンポーン

3 ①②を繰り返す。

♪フライパンに

4 腕を丸めて、フライパンを作る。

♪はいったら（ワン　ツー
　ワン　ツー　スリー　フォー）

5 両手で頭を押さえ、しゃがむ。

♪ポンポンポンポポン～
　ポンポンポン（7小節）

6 リズムに合わせてジャンプを続ける。

♪ポンポン
　「できあがり」

7 好きなポーズをする。

★☆★☆★☆★☆★☆★☆ ポンポン★ポップコーン ☆★☆★☆★☆★☆★☆★

作詞・作曲／入江浩子

どうぶつにあいにいこう

子どもが大好きな動物がテーマのまねっこあそび歌。
小さい子にもイメージしやすく、短くて簡単なので、すぐに覚えられます。

普段のあそびに
体操の時間に
運動会に
発表会に
子育て支援に
親子あそびに

案●かば☆うま

1番 ♪どうぶつに あいにいこう

① 片手を額に当て、動物を探すように体をゆっくり動かす。

♪どうぶつに あいにいこう

② 反対の手を額に当て、①と同様動く。

♪どんなどうぶつに

③ 手を下から上にゆっくり上げる。
反対の手は腰に。

♪であえるかな

④ 上げた手をグーにして、ゆっくり下ろし、決めポーズ。

（ペンギン）
（ぺたぺたぺたぺた）

⑤ ペンギンのまねをする。

（ライオン）
（ガオガオガオガオ）

⑥ ライオンのまねをする。

（おサル）
（ウキウキウキウキ）

⑦ サルのまねをする。

（ゾウさん）
（パオーン）

⑧ 大きな声で「パオーン」と言いながら、手を下から上に振り上げる。

2番 ※①～④、⑧⑨は1番と同様。

♪どんな どうぶつに であえるかな

⑨ ③④と同様。

（ウサギ）
（ぴょんぴょんぴょんぴょん）

⑤ ウサギのまねをする。

（ヘビさん）
（にょろにょろにょろにょろ）

⑥ ヘビのまねをする。

（ワニさん）
（ぱくぱくぱくぱく）

⑦ ワニのまねをする。

☆☆☆☆☆☆☆☆☆☆☆☆☆☆☆☆☆☆☆ どうぶつにあいにいこう ☆☆☆☆☆☆☆☆☆☆☆☆☆☆☆☆☆☆☆

作詞・作曲／かば☆うま

※楽譜は、読みやすくするために音源とは調を変えています。

2 歳児

CD No.39

案●入江浩子

プリンセスとまとちゃん

まんまるでかわいいとまとちゃん。
プリンセス気分でポーズをキメて、思いっきりかわいく踊りましょう。

普段のあそびに
体操の時間に
運動会に
発表会に
子育て支援に
親子あそびに

1番 ♪プリンセス〜
プリンセスとまと

1

片手の人さし指を立て、頭の上で大きく円を描くように動かす（できるようなら腰も一緒に回す）。もう片方の手は、腰に当てる。

♪ちゃん　間奏

2

片方の足を横に出して戻す。反対の足を同様に横に出して戻す。これを2回繰り返す。

♪まんまる

3

片方の手をパーにして、頬の横に持ってくる。

♪まるまる

4

反対の手も同様に。

♪プリンセス

5

頬の横で手を回転させながら屈伸する。

♪プリッとツヤツヤ

6

③④と同様。

♪チャーム
ポイント

7

⑤と同様。

♪プリプリ　プリティ

8

③④と同様。

♪プリンセスとまと

9

⑤と同様。

♪ちゃん

10

両手を大きく回し、腰に当てる。

♪だけど
⑪ うなずく。

♪むし
⑫ 片手で顔を隠し、足を開く。

♪が
⑬ もう片方の手でも顔を隠す。

♪にが
⑭ 両手を横に広げる。

♪てな
⑮ 両手で顔を隠す。

♪の
⑯ ⑭と同様。

♪そのと
⑰ ⑮と同様。

♪きは
⑱ 片手を斜め前に出す。

♪あなたが
⑲ もう片方の手も斜め前に出す。

♪まもってね
⑳ 半円を描くように両手を上に動かす。

2番
※1番と同様に踊る。
最後に①②を繰り返し、好きなポーズをする。

プリンセスとまとちゃん

作詞・作曲／入江浩子

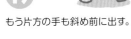

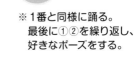

1.〜2.プリン セス プリン セス プリン セス プリン セスとまとちゃー ん *(3xFine)* まんまるまるまる プリンセス プリッと ツヤツヤ チャーム ポイント

プリプリプリティプリンセスとまとちゃー ん
1.だけど むし が ー にがてなの ー そのときは あなたが まもってねー ー
2.みずと おひさま ー だいすきよー きらきらー パワーを ありが とうー ー *2xD.C*

2歳児

CDNo.40

案●すかんぽ

はとぱっぽーダンス

ワルツ（3拍子）の曲にのせて、
ハトになったつもりで、みんなで楽しみましょう。
不織布などを切って作った羽を背中に着けて踊ってもいいですね。

普段のあそびに
体操の時間に
運動会に
発表会に
子育て支援に
親子あそびに

前奏

（バッ バッ バッ バー）　　　　　　（4小節）　　　　　（4小節）

片膝を立ててしゃがみ、頭を下げて膝を抱え込むようにポーズを取る。

しゃがんだまま上を向き、両手を広げる。

両手を広げたまま、左右に揺れながら立ち上がる。

その場で一回りする。

♪ワン クルックー　　　　　　（パポゥ）　　　　　　♪ツー クルックー
　　　　　　　　　　　　　　　　　　　　　　　　　（パポゥ）

1 両手をゆっくり広げながら、ゆっくり横に1歩移動する。

2 両手を広げたまま、膝を曲げて開き、腰を落とす。

3 両手を広げながら、①と反対側に1歩移動し、②と同様に膝を曲げて開き、腰を落とす。

♪クックルルー
　～クルクル
　クルルン

♪トゥルルルルン
　～トゥル
　ルルルルル

（クルック）

4 両手を頭の上で合わせて丸を作りながら、その場で回る。

5 両手で羽ばたきながら動き回る。

6 止まって首を前に出す。難しい場合はうなずく。

♪トゥルルルルン〜
トゥルルルルル

7 両手で羽ばたきながら
動き回る。

♪ルー

8 両手をついて片足を上げ、
バランスを取る。

♪トゥルルルルル

9 立ち上がり、大きな円を描きながら手を下ろす。

（パッポー）

10 両手を上げて、思いきりジャンプ。

※①〜⑩をもう一度繰り返す。

★★★★★★★★★★★★★★★★★★ **はとぽっぽーダンス** ★★★★★★★★★★★★★★★★★★

作詞／川崎ちさと　作曲／入江浩子

あそび歌作家 プロフィール

※本書掲載順に紹介します。

ジャイアンとぱぱ

宮城県の保育士、ボス、しょうちん、キャンディ、おはぎの4人からなる子育て支援サークル。親子向けの楽しいイベントを提供するほか、保護者向けの講習会や保育雑誌の執筆でも活躍中。

カワクボメガネ

山梨県の現役保育士6人組。メンバー全員がそろうと、とにかくにぎやかで、よくしゃべり、よく笑い、楽しく活動している。地元のファミリーライブや、講習会などで活躍中。

南 夢未

「あそび工房ゆめみ」主宰。保育雑誌の執筆や保育者向けの講習会なども行っている。中でも0・1・2歳児向けのちょこっとあそびが人気を博している。

髙嶋 愛

楽しくおもしろいこと好き！創作好き！音楽好き！の現役保育士。日々の保育で生まれたあそびを地域の親子と一緒に楽しんでいる。ふれあい、心がつながっていく過程を大切にしている。

ハリー☆とたまちゃん♪

福岡県北九州市の男性保育士ユニット。写真左・ハリ☆（金子和弘）、写真右・たまちゃん♪（玉井智史）。子どもたちのあそび歌コンサートや、学生や保育者向けの講習会で活躍中。

小川俊彦

埼玉県の現役保育士。子ども向けの手あそびや、親子のふれあいを大切にしたあそび歌を作り、地域の子育て支援、イベントなどで活動している。また保育園ライブや保育士研修の講師としても活躍中。

すかんぽ

熊本県（写真左・入江浩子）と山梨県（写真右・川崎ちさと）の現役保育士ユニット。「こんなあそびがあったらいいね」という思いから生まれた、あそび歌やパネルシアターを作っている。

さあか

保育士として9年間勤めた後、〝息子のように、ろうの子でも安心して過ごせる園が必要〞という思いから、手話に出会える保育園を作る。子どもの何げないつぶやきや姿を、歌・あそびにして日々楽しんでいる。

藤本ちか

保育ピアノ音楽クリエイター。元保育士。リトミックとピアノ講師の経験を活かした音楽あそびを作り、YouTubeで動画を多数配信中。保育士養成校の実習対策、保育士研修なども行っている。

福田りゅうぞう

元保育士。園や親子で毎日楽しめる、シンプルなダンスやあそびを創作するあそびダンス作家として活動中。保育雑誌への執筆のほか、親子コンサート、保育士・幼稚園教諭向けセミナーなども行っている。

福田 翔

8年の保育士経験を経て、2014年にあそび歌作家としてフリーでの活動を開始。保育所、幼稚園、児童館などでコンサートを行うほか、保育者向け講習会や保育雑誌への執筆などで活躍中。

すえっこ

山梨県の現役保育士。いとこ同士の中村木乃実、深澤亮が結成したユニット。日々の保育で感じていることを盛り込んで、子どもたちがすぐに楽しめるあそび歌を考案している。

こばやしゆうすけ

愛称はコボちゃん。キッズスマイルカンパニー所属。2018年に認可保育園を設立。園長として保育に携わるとともに、あそび歌作家として、保育者研修会、子育て支援センターなどで活動している。

小沢かづと

シンガーソングあそびライター。「子どもも大人も本気であそぶ」をモットーに、あそび歌ライブ、講習会の講師として活躍。オリジナリティあふれるあそびを広く伝える。海外公演、テレビ番組への出演など、活動の場を広げている。

かば☆うま

神戸を中心に活動中の元保育士ユニット。写真右・かばお（和田武蔵）と 左・うま（馬責真人）。保育所や幼稚園、商業施設などで、あそび歌ライブを行うほか、保育者向け講習会の講師としても活躍中。

CD収録曲 *数字は、CDトラックナンバーです。

01 だっこ DE ゆらり
作詞・作曲・歌／ジャイアンとばば　アレンジ・録音／森光 明

02 だっこあら
作詞・作曲・歌／カワクボメガネ　アレンジ／森光 明　録音／中山 圭　森光 明

03 ちっちゃなたね
作詞／南 夢末　作曲／さあか　歌／南 夢末　アレンジ・録音／森光 明

04 ヒーロー・スタイマン
作詞・作曲・歌／髙嶋 愛　アレンジ／森光 明　録音／中山 圭　森光 明

05 トロルとやぎさん
作詞・作曲・歌／髙嶋 愛　アレンジ／森光 明　録音／中山 圭　森光 明

06 おてんきマーチ
作詞・作曲・歌／ジャイアンとばば　アレンジ・録音／森光 明

07 だれだれだれでしょう?
作詞・作曲・歌／ジャイアンとばば　アレンジ・録音／森光 明

08 いない いない ばあ音頭
作詞・作曲・歌／髙嶋 愛　アレンジ／森光 明　録音／中山 圭　森光 明

09 ジャンプ＆ジャンプ
作詞／金子和弘　作曲／玉井智史　歌／ハリー☆とたまちゃん♪
アレンジ・録音／宮田真由美

10 だれだろな
作詞・作曲・歌／小川俊彦　アレンジ／宮田真由美
録音／中山 圭　宮田真由美

11 スパゲッティーパーティナイト
作詞／川崎ちさと　作曲／入江浩子　歌／すかんぼ　アレンジ／宮田真由美
録音／中山 圭　宮田真由美

12 はなはな☆ビックス
作詞・作曲・歌／ジャイアンとばば　アレンジ・録音／森光 明

13 チューチューだいぼうけん
作詞・作曲・歌／入江浩子　アレンジ／森光 明　録音／中山 圭　森光 明

14 エイエイお～!!
作詞・作曲・歌／ジャイアンとばば　アレンジ・録音／森光 明

15 すごいくつ
作詞・作曲・歌／さあか　アレンジ／森光 明　録音／中山 圭　森光 明

16 ちびっこ忍者でごじゃるるるん
作詞・作曲・歌／入江浩子　アレンジ・録音／森光 明

17 ぶどうのグレープちゃん
作詞・作曲・歌／ジャイアンとばば　アレンジ・録音／宮田真由美

18 おたまじゃくしがスイスイスイ
作詞・作曲・歌／入江浩子　アレンジ・録音／宮田真由美

19 にゃんこ体操
作詞・作曲・歌／藤本ちか　アレンジ／森光 明　録音／中山 圭　森光 明

20 りんりん・GO!!
作詞・作曲・歌／ジャイアンとばば　アレンジ・録音／森光 明

21 はっぱパンパン はっぱフミフミ
作詞／福田りゅうぞう　作曲／入江浩子　歌／福田りゅうぞう
アレンジ／森光 明　録音／中山 圭　森光 明

22 すごい! すごい!!
作詞・作曲・歌／福田りゅうぞう　アレンジ／森光 明　録音／中山 圭　森光 明

23 たんぽぽポッポッポッ
作詞・作曲・歌／福田 翔　アレンジ／森光 明　録音／中山 圭　森光 明

24 クワックワッダンス
作詞・作曲・歌／入江浩子　アレンジ／森光 明　録音／中山 圭　森光 明

25 かっぱっぱ音頭
作詞／川崎ちさと　作曲／入江浩子　歌／すかんぼ
アレンジ／森光 明　録音／中山 圭　森光 明

26 う～! マンゴー!
作詞・作曲・歌／ジャイアンとばば　アレンジ・録音／森光 明

27 みずたまりサイコー
作詞・作曲・歌／すえっこ　アレンジ／森光 明　録音／中山 圭　森光 明

28 からだポカポカ体操
作詞・作曲・歌／福田 翔　アレンジ／森光 明　録音／中山 圭　森光 明

29 こうしんこうしん1・2・3
作詞・作曲・歌／ジャイアンとばば　アレンジ・録音／森光 明

30 ねこにゃん体操
作詞・作曲・歌／ジャイアンとばば　アレンジ・録音／森光 明

31 たてちゃうぞブー
作詞・作曲・歌／すかんぼ　アレンジ／森光 明　録音／中山 圭　森光 明

32 パンパン体操
作詞・作曲・歌／髙嶋 愛　アレンジ／森光 明　録音／中山 圭　森光 明

33 タラッタラッタン
作詞・作曲・歌／こばやしゆうすけ　アレンジ／森光 明　録音／中山 圭　森光 明

34 にっぽんいちのきびだん GO! GO!
作詞・作曲・歌／ジャイアンとばば　アレンジ・録音／森光 明

35 すってんとん
作詞・作曲・歌／すかんぼ　アレンジ／森光 明　録音／中山 圭　森光 明

36 あそびまショー
作詞・作曲・歌／小沢かづと　アレンジ／平井敬人　録音／中山 圭　平井敬人

37 ポンポン★ポップコーン
作詞・作曲・歌／入江浩子　アレンジ・録音／宮田真由美

38 どうぶつにあいにいこう
作詞・作曲・歌／かば☆うま　アレンジ／森光 明　録音／中山 圭　森光 明

39 プリンセスとまとちゃん
作詞・作曲・歌／入江浩子　アレンジ／森光 明　録音／中山 圭　森光 明

40 はとぽっぽーダンス
作詞／川崎ちさと　作曲／入江浩子　歌／すかんぼ
アレンジ／森光 明　録音／中山 圭　森光 明

staff

案●入江浩子　小川俊彦　小沢かづと　かば☆うま　カワクボメガネ
こばやしゆうすけ　さあか　ジャイアンとばば　すえっこ　すかんぼ　髙嶋 愛
ハリー☆とたまちゃん♪　福田 翔　福田りゅうぞう　藤本ちか　南 夢末（五十音順）

表紙イラスト●ひのあけみ
表紙・本文デザイン●高橋陽子
楽譜●石川ゆかり　フロム・サーティ　山縣敦子
イラスト●有栖サチコ　石崎伸子　菅谷暁美　たかぎ＊のぶこ　とみたみはる
ひのあけみ　町塚かおり　やまざきかおり　わたいしおり
校閲●草樹社
編集・制作●リボングラス